Mainz 1933-1948

Heinz Leiwig

MAINZ

$\dfrac{1933}{1948}$

Von der Machtergreifung bis zur Währungsreform

Verlag Dr. Hanns Krach · Mainz

© Verlag Dr. Hanns Krach, Mainz · ISBN 3-87439-100-0
Alle Rechte beim Autor · Nachdruck, auch auszugsweise,
nur mit Genehmigung des Autors
Herstellung: Universitätsdruckerei und Verlag Dr. Hanns Krach,
Inhaber Hermann Schmidt, Mainz

Inhalt

Vorwort 7

Abkürzungsverzeichnis 10

1. Im Gleichschritt Marsch 13

2. Amerikanische Tage,
   englische Nächte 39

3. Bombenalltag 68

4. Eine tausendjährige Hydra haucht aus   81

5. Das Los der Besiegten 109

6. Besatzungsalltag 114

7. Stillstand 134

8. Ein Silberstreif am Horizont 142

Zeittafel 1933-1948
(Mainzer Lokalereignisse) 150

Bibliographie 153

Zeitschriften · Quellennachweis
der Abbildungen und Zeichnungen . . 154

Danksagungen 155

Verzeichnis der alliierten
Luftangriffe auf Mainz 156

Vorwort

Diese Dokumentation hätte nicht erscheinen müssen, wäre die Aufarbeitung der »Mainzer Zeit« zwischen 1933 und 1948 nicht allzu dürftig. Zu viele Fragen über die Zeit blieben in der Vergangenheit unbeantwortet, neue sind hinzugekommen. Die Epoche des Nationalsozialismus, auch die Jahre zwischen seiner Zerschlagung und dem Wiederaufbau des zerstörten Deutschlands, sind für viele Bürger in einen Grauschleier gehüllt.

Die Abrechnung mit dem braunen Erbe ist unterblieben. Durch Verharmlosung, Vergessen, Unter-den-Teppich-Kehren wurde das Geschehene verdrängt – bei vielen Beteiligten nahezu vollkommen. Etwas zu glatt wurde hier die Vergangenheit bewältigt. So ging der »Zeitensprung« scheinbar spurlos an den Betroffenen vorüber.

Die Fragen der heutigen Generation werden jedoch immer bohrender und die Antworten nach vierzig Jahren immer dürftiger.

Unverständlich bleibt denjenigen, die die Zeit des Dritten Reiches nicht persönlich miterlebt haben, wie der braune Irrationalismus mit Jubel, hysterischem Sendungsbewußtsein, Heilserwartung und Haß ganz Europa in Brand stecken konnte.

Erst die Koalition aller Weltmächte hat in einem fast sechs Jahre dauernden Krieg diesem Wahnsinn ein Ende bereitet. Auf der Strecke blieben die wehrlosen Menschen in den Kellern der Städte sowie die Kultur eines jahrtausendealten jüdischen Volkes in Deutschland.

Nie wurde in der Geschichte des zweitausendjährigen Mainz' das Antlitz und das Gefüge dieser Stadt so grundlegend verändert wie in den Jahren von 1939 - 1945.

Es waren nationalsozialistische Bürger dieser Stadt, Mainzer, die nach der Machtergreifung der Nationalsozialisten am 30. Januar 1933, nach der Ernennung Hitlers zum Reichskanzler durch den Reichspräsidenten, der Stadt den Stempel des Ungeistes, der Intoleranz, des Hasses aufprägten.

Durch die Zugehörigkeit zur Partei wurden Menschen nach oben geschwemmt, welche führende Persönlichkeiten der gewachsenen Obrigkeit ersetzten. Eine Ära des Unrechts und der Unterdrückung brach über das goldene Mainz herein.

Der Bodensatz kam hoch.

Schuldig waren nicht die verleiteten Hitlerjungen oder die Gymnasiasten, die die Flakgeschütze rund um Mainz bedienten, nicht die Flugzeugbesatzungen auf dem Finthener Fliegerhorst, nicht die Pioniere des Pionierbataillons 33, die die verschont gebliebenen Rheinbrücken in die Luft sprengten, nicht die Feuerwehrmänner im Rentenalter, die eine Polizeiuniform tragen mußten und unter Einsatz ihres Lebens an der Feuerspritze standen, auch nicht die SS-Hilfswachmannschaften, von denen manch einer seinen Gefangenen Brot zukommen ließ – es waren ideologisch Verblendete, die aus Haß, aus Neid, Mißgunst und auf Befehl in geistiger Umnebelung eine jahrhundertelang bestehende Kultur – die jüdische – in Mainz auslöschten.

Es waren verblendete Kleinbürger, welche einem falschen Führermythos huldigten und einem arbeitslosen, ausländischen politischen Demagogen zur Macht verhalfen, der fortan die Führung des Reiches bis zum Zusammenbruch nicht mehr aus der Hand legte.

1945 standen die großen und kleinen Nazis vor dem von ihnen angerichteten Chaos und gaben sich ratlos. Sie alle sind schuldig, der eine mehr, andere weniger.

Man sollte jedoch nicht den Fehler begehen, den pädagogischen Zeigefinger über jene zu erheben, die in Verkennung der drohenden Gefahr sich mißbrauchen ließen. Dieses Gut-Böse-Denken würde nur ein Zerrbild der Vergangenheit wiedergeben. Ein einseitiges Verdammen nur deutscher Untaten im nationalsozialistischen Gepräge würde die Gegenseite zu stark entlasten und umgekehrt Männer wie »RAF Bomber

7

Harris«, den Chef des englischen Bomberkommandos, und die GIs, die im Anblick hungernder, deutscher Kriegsgefangener Unmengen von Lebensmitteln mit Benzin übergossen und anzündeten, feiern.

Jedoch sollte man keine Scheu davor haben, alle diejenigen mit Namen zu nennen, die beim Weltbrand mitgeholfen haben. Man würde sonst Gefahr laufen, einer Geschichtsfälschung und Täuschung zu unterliegen.

Keiner wußte so gut wie Hitler aus der Hoffnungslosigkeit in den Hungerjahren der Wirtschaftskrise nach dem Ersten Weltkrieg Kapital zu schlagen. Er nutzte diese Möglichkeit, seine größenwahnsinnigen Pläne zu verwirklichen. Erbarmungslos prügelten seine SA-Schlägerkolonnen unter dem Schlachtruf: »Die Straße frei für den Führer!« Andersdenkende zusammen. Mit Demagogie und sich wiederholenden nationalsozialistischen Phrasen und Versprechungen, die die Instinkte ansprachen, versetzte er eine Nation in Trance.

Das Niederknüppeln Andersdenkender, besonders der Sozialdemokraten und Kommunisten, gehörte zum festen Bestandteil des braunen Mobs.

Den Beweis seines brutalen Machtstrebens lieferte Hitler schon kurz nach der Machtübernahme am 10. März 1933. Führer der Opposition wurden verhaftet und in neu errichtete Konzentrationslager verbracht und die Parteien damit ausgeschaltet. Gleichzeitig erfolgten erste Boykott-Aufrufe der SA gegen jüdische Geschäfte und deren Zerstörung: In Mainz erstmals am 10. März 1933.

Die oft angesprochene schweigende Mehrheit nahm dies aus Angst oder in der vagen Hoffnung, daß dieser Spuk bald vorübergehen würde, bedrückt hin. Andere arrangierten sich. Eine Woge von »Märzgefallenen«, Antragstellern auf eine Mitgliedschaft in der nationalsozialistischen Partei, überschwemmte die Parteibüros. Die Konjunkturritter sprangen noch auf den fahrenden Zug.

Nicht alleine die Marschkolonnen der alten Kämpfer brachten Hitler von der Straße her an die Macht, sondern auch Intellektuelle waren es, die den Nationalsozialismus gesellschaftsfähig machten in der Hoffnung, unter seiner Gunst ihr eigenbrödlerisches Süppchen kochen zu können.

Der Sog des Volksverführers war mächtiger als vernünftiges Denken. Hitler träumte öffentlich vom Großdeutschen Reich.

Schon im Jahre 1930 hielt er vor Professoren und Studenten eine Rede, in der er klar zum Ausdruck brachte: »Jedes Wesen strebt nach Expansion, und jedes Volk strebt nach Weltherrschaft.«

Vor Generälen in Paderborn brüstete er sich: »Ich verstehe Sie nicht. Ich biete Ihnen doch die schönste Möglichkeit, sich zu bewähren, nämlich den Krieg.« Er hielt Wort. Hitler wollte den Krieg um jeden Preis. Nachlesbar in seinem millionenfach verbreiteten Buch: »Mein Kampf«. Aber leider las dies kaum jemand!

»Man muß die Menschen quälen, damit sie Lust zum Sterben haben.« Diese skurrile Äußerung konnte er sich unwidersprochen vor dem Volk leisten. Die Menschen vor den Volksempfängern merkten in einer Massenerregung und Hysterie solche Entgleisungen gar nicht mehr.

Mainz konnte der Gleichschaltung und der braunen Eroberungsstrategie genausowenig entgehen wie jede andere deutsche Stadt. Mag auch das Wesen der Mainzer hie und da noch eine allzu krasse Ausübung der schwachsinnigen Befehle abgeschwächt haben, verhindert hat es die Vernichtung nicht. Dem Aufmarsch der Nullen nach der Machtergreifung konnten sich die Bürger nicht energisch zur Wehr setzen, und das Unheil nahm seinen Lauf.

In dem vorliegenden Text- und Bildband soll versucht werden, die Hauptlinien der politischen Entwicklung in Mainz und die Geschehnisse des Zweiten Weltkrieges bis zur Vernichtung und völligen Niederlage sowie die Ansätze des Wiederaufbaus nach 1945 darzustellen.

Sollte dem Leser die eine oder andere Darstellung zu subjektiv erscheinen, so gibt ihm der Bildteil Gelegenheit, sich eine eigene Vorstellung anhand zumeist erstmals veröffentlichter Aufnahmen zu machen.

Eine Dokumentation nach fast vierzig Jahren muß sich der Kritik stellen, ob nicht die Erinnerung an das unmittelbar Erlebte schon zu weit von der Wirklichkeit abgerückt ist.

Tatsächlich leben von den aktiv Beteiligten viele nicht mehr, und deren Erinnerungsvermögen, sofern es sich nicht um gravierende Dinge handelt, ist oft nicht absolut.

Der große Zeitabstand zu den Geschehnissen jener Zeit läßt aber bei den unmittelbar Betroffenen eine objektivere Betrachtungsweise zu. Oft bricht ein Mitteilungsbedürfnis auf, selbst nach so langer Zeit. Dies beweist eindeutig, daß die Erinnerung an das tausendjährige Reich und dessen Ende auch nach so vielen Jahren noch nicht bewältigt ist.

Die wichtigsten Ereignisse jener Tage lassen sich lückenlos dokumentieren. Hier liegt der große Vorteil des langen Zeitabstandes. Bereitwillig stellen heute die großen Militärarchive in Washington, Paris, Keele und London ihre Unterlagen zur Verfügung. Die deutschen Archive in Koblenz, Wiesbaden, Mainz, Darmstadt, Freiburg, Stuttgart und Berlin ergänzen diese durch umfangreiches Material über die »braune Vergangenheit« unserer Stadt.

Ein besonderes Lob gilt den Mainzer Privatsammlern, von denen jeder ein Experte auf seinem Spezialgebiet ist. Sie versorgten mich mit Bildern, Literatur und wertvollen Informationen und zeigten sich in jeder Weise kooperativ. Die überaus positive Resonanz während der umfangreichen Recherchen verpflichteten geradezu, dieses Werk zu veröffentlichen und das Material für die Nachwelt aufzuarbeiten. Mögen auch einige – heute wieder idealisierte – Schandtaten des »Großdeutschen Reiches« auf der Strecke bleiben – aus Beelzebuben werden keine Klosterschüler. Eine Abrechnung nach fast vierzig Jahren findet nicht statt, sondern eine nüchterne Bestandsaufnahme. Die Fakten sprechen für sich.

Dem Befreiungskampf der Alliierten in unserer engeren Heimat wurde eine größere Aufmerksamkeit gewidmet, nicht aus Freude am Untergang, sondern um aufzuzeigen, wie ein energisch angreifender, demokratisch geführter Gegner die starre und ungelenke, allerdings auch durch über vier Jahre Krieg geschwächte Streitmacht eines totalitären Staates innerhalb weniger Tage einfach hinwegwischen konnte.

Hier zeigt es sich deutlich, daß Soldaten, die jahrelang für eine ungerechte Sache mißbraucht worden waren, sich im entscheidenden Augenblick innerlich auflehnten und sich lieber dem Elend der Gefangenschaft überließen, als für den Führer den Heldentod zu sterben.

Viele, die heute in den umliegenden Ortschaften von Mainz leben und in Beschaulichkeit die herbe Schönheit der Hänge des Rheinhessischen Hügellandes und des Hessischen Riedes oder die Lieblichkeit des Rheingaus genießen, wissen nicht, daß die Namen ihrer Ortschaften in jenen Märztagen des Jahres 1945, als eine Heerschau gigantischen Ausmaßes unser Land überzog, in den Kriegsberichten der feindlichen Armeen benannt wurden.

Mit diesem Buch soll der Versuch unternommen werden, die Ereignisse ab dem Jahre 1933 wiederzugeben, um dem »Zeitensprung« am Beispiel von Mainz, einer blühenden Stadt bis zu deren Untergang im Jahre 1945, und die darauffolgende einmalige Anstrengung der Nachkriegszeit darzustellen.

Alle in diesem Buch wiedergegebenen Fakten sind dokumentarisch und archiviert in den von den Siegermächten geöffneten Dokumentationen, in den Landesbibliotheken und Bundesarchiven.

Sogar die Namen und Taten der Geheimen Staatspolizei sind aufgelistet, inklusive derer, welche sich durch Selbsttötung der Gerechtigkeit entzogen und all derer, welche heute, ohne je zur Rechenschaft gezogen worden zu sein, unbehelligt unter uns leben.

Alle verwendeten Abkürzungen und Kürzel werden auf Seite 10 und 11 erklärt.

Der Verfasser

Abkürzungsverzeichnis

AAF	armée de l'air France – französische Luftwaffe		Kdo.	Kommando
Abt.	Abteilung		KTB	Kriegstagebuch
AOK	Armeeoberkommando		KL	Konzentrationslager
			KZ	gleiche, verschärfende Bezeichnung durch die Nationalsozialisten
B-17 G Flying Fortress	Fliegende Festung, viermotoriger amerikanischer Bomber		Lancaster Mark I, II und III	englische schwere, viermotorige Bomber
B-24 Consolidated Liberator	viermotoriger amerikanischer Bomber		lb.	Abkürzung für britisches Pfund = 453,59 g
BC	Bomber Command		le.	leichte
BDM	Bund Deutscher Mädel		LGK	Luftgaukommando
BD	Bomb Division		Lockheed P-38	»Lightning«, »Gabelschwanz-Teufel« zweimotoriger amerikanischer Jäger
BG	Bombardemant Group			
Clusters	Brandbombenbüschel		Marauder	zweimotoriger amerikanischer Schnellbomber
DAF	Deutsche Arbeits-Front		Me Bf 110 G-4	zweimotoriger Messerschmitt-Zerstörer und Nachtjäger Bf = Bayerische Flugzeugwerke
DLH	Deutsche Luftwaffenhelfer			
DVS	Deutscher Volkssturm			
EM	Entfernungsmesser		Mosquito Mark II und VI	englische Nachtjäger
FG	Fighter Group		MP	Maschinenpistole
Flak	Flugabwehrkanone (v) verlegbar, (o) ortsfest		Mustang P-51	einmotoriger amerikanischer Jäger
			MY	Marshalling Yard = Verschiebebahnhof
Flares	Leuchtbomben			
FW 190	Focke Wulf 190, Deutscher einsitziger Jäger		NJG	Nachtjagdgeschwader
			NS	Nationalsozialismus
Gestapo	Geheime Staatspolizei		NSDAP	Nationalsozialistische Deutsche Arbeiterpartei
GI	Government Issue = amerikanischer Landser		NSV	Nationalsozialistische Volkswohlfahrt
G. P.	General Purpose = Mehrzweckbombe		OB West	Oberbefehlshaber West
			OKH	Oberkommando des Heeres
Halifax Mark III	schwerer englischer viermotoriger Bomber		OKW	Oberkommando der Wehrmacht
			Omgus	Official Military Government United States = amerikanische Militärregierung in besetzten Gebieten Europas
H. E.	High Energy = Sprengbombe			
HKL	Hauptkampflinie			
H. Gr.	Heeresgruppe		OT	Organisation Todt = Bautruppe des Ministeriums für Rüstung und Kriegsproduktion
HJ	Hitler-Jugend			
HQ	Headquarter			
H2S	Abkürzung für Home sweet Home, Deckname für Bodensichtradargerät der RAF-Bomber		Pg.	Parteigenosse der NSDAP
			Pz.	Panzer
H2X	das gleiche Gerät der amerikanischen Bomber		Radar	Radio Detection and Ranging = Funkmeßtechnik
			RAD	Reichsarbeitsdienst
I. B.	Incendiary bombs = Brandbomben		RAF	Royal Air Force
Jabo	Jagdbomber		Republic P-47 »Thunderbolt«	einmotoriger amerikanischer Jäger
Junkers Ju 88 C-6	zweimotoriger deutscher Jagdbomber		RG	Record Group

Rgt.	Regiment		USAAF	United States Army Air Forces
RLB	Reichsluftschutzbund		USAF	United States Air Force
RSHA	Reichssicherheitshauptamt		USSBS	United States Strategic Bombing Survey
SA	Sturmabteilung der NSDAP		VGD	Volks-Grenadier-Division
SD	Sicherheitsdienst der SS		vis	= visuell = auf Sicht
SHAEF	Supreme Headquarters of Allied Expedionary Forces		Wellington MK III	viermotoriger englischer Bomber
SHD	Sicherheits- und Hilfsdienst		Windows	9 cm lange Aluminiumstreifen zur Funkmeßstörung sog. »Düppel«
Short Stirling Mark III	viermotoriger englischer Bomber		WB XII	Wehrbereichskommando XII Wiesbaden
SN 2	Lichtenstein Bordsuchradargerät deutscher Nachtjäger			
Squ.	Squadron			
SS	Schutzstaffel der NSDAP		z. b. V.	zur besonderen Verwendung
TF	Task Force = Kampfgruppe			
UNRRA	United Nations Relief and Rehabilitation Administration. Suchdienst der UN-Organisation für Kriegsgefangene und ehemalige KL-Häftlinge			

1. Im Gleichschritt Marsch

Die allgemeine politische und wirtschaftliche Situation war zu Beginn des Jahres 1933 in Mainz genauso schlecht wie in den übrigen Teilen des deutschen Reiches.

Politische Meinungsverschiedenheiten trugen die Parteien auf der Straße aus. Die Mainzer Zeitungen hielten sich in der kritischen Berichterstattung sehr zurück. Die Heftigkeit des politischen Streites wurde, wie in jedem Jahr, durch die Mainzer Fastnacht überdeckt, die als lokales Ereignis den Mainzern wichtiger war als die heraufziehenden dunklen Wolken der nazistischen Machtergreifung. Wie gewohnt fanden auf der »Lu« (Ludwigsstraße) Pritschenschlachten statt.

Schon vor der Machtergreifung richteten sich antisemitische Aktivitäten gegen die Warenhäuser und die jüdischen Geschäfte. Auch die Konsumvereine wurden von den Nazis geschickt in diese ideologische Bekämpfung mit einbezogen, denn viele Selbstversorgungsgenossenschaften der Arbeiterschaft standen im Verdacht, marxistische Organisationen zu sein.

Am 30. Januar 1933, dem Tag der Berufung Hitlers zum Reichskanzler durch Hindenburg, stellten die Nazis die Bevölkerung endgültig vor vollendete Tatsachen. Es war der Tag der Machtergreifung Hitlers. Auf diese Stunde hatte die NSDAP mit großer Sorgfalt hingearbeitet. Die Machtübernahme war perfekt geplant und wurde gekonnt durchgeführt. Die Herren in den braunen Hemden waren Meister der Verleumdung, Lüge, Verunglimpfung, der Demagogie und, wenn es sein mußte, des politischen Mordes. Zwar folgten am Abend des 30. Januar noch über 3000 Demonstranten einem Aufruf von Sozialdemokraten und Kommunisten. Mit 700 Gegendemonstranten der NS-Vereinigungen kam es zu kleineren Schlägereien. Ein SA-Mann drückte auf der Großen Bleiche einer protestierenden jungen Frau seine brennende Fackel ins Gesicht.

Von heute auf morgen degradierten die Nazis ehrenwerte Demokraten, so den Darmstädter Bürgermeister Karlo Neff, den sie als berüchtigten Landfriedensbrecher denunzierten.

Alle diejenigen, die die Nazis bis jetzt unterschätzt hatten, sie gar für dumm hielten oder als unfähig einstuften, wurden nun sehr schnell eines Besseren belehrt. Zielstrebig ging man ans Werk und zerschlug alle großen Hemmnisse, das heißt, vornehmlich die demokratischen Einrichtungen.

Es begann die Zeit der Gleichschaltung.

Um einen schlagkräftigen Apparat in die Hand zu bekommen, wurde mit der ersten Säuberungswelle, die von langer Hand vorbereitet war, bei der Polizei begonnen. Bis zum Juli 1933 entließen die Nazis mehr als ein Drittel aller Polizeioffiziere sowie zahlreiche Beamte des Kriminal- und Verwaltungsdienstes. Aber auch 65 Wachtmeister und Telefonistinnen sowie Schreibkräfte bekamen nach der Amtsübernahme der Hessischen Polizei durch den 29jährigen SS-Führer Dr. Best ihre Kündigung. In den folgenden Tagen durchstreiften Gruppen bewaffneter Nationalsozialisten SS- und SA-Männer das Stadtgebiet. Sie nahmen Haussuchungen vor, führten Gaststättenkontrollen durch, beschlagnahmten „Waffen" und Bücher. Auf staatlichen und städtischen Gebäuden hißten sie Hakenkreuzfahnen.

Deutschland befand sich noch mitten im Wahlkampf, und bis zum 5. März, an dem sich die Nazis einen grandiosen Wahlsieg erhofften, dachten sie noch alle demokratischen Organisationen so zu schädigen, daß sie nicht mehr aktiv in den Wahlkampf eingreifen konnten. Durch die Bestellung der SA und SS als Hilfspolizei nach dem Amtsantritt von Dr. Best als Hessischer Polizeipräsident besaßen die Nazis im wahrsten Sinne des Wortes ein schlagkräftiges »Argument«, um alle Andersdenkenden mundtot zu machen. Bei den Sonnenwendfeiern am 24. Juni 1933 verbrannten die Nazis die ersten Bücher von Nichtariern und Demokraten auf dem großen Sand und auf dem Halle-

1. Mai 1933: Die Jugend grüßt den Flaggenschmuck am Polizeipräsidium in der Klarastraße.

platz. Parteigenosse Hoops übergab die verfemten Schriften unter Nennung der Autoren den Flammen. Mit der Inkraftsetzung der Notverordnung, Artikel 48, Absatz 2, schuf Hitler die rechtliche Grundlage, um den Ausbruch eines Bürgerkrieges zu verhindern. Diese Notverordnung blieb bis zum unrühmlichen Ende des »tausendjährigen Reiches« in Kraft und bildete die Rechtsgrundlage für den neugeschaffenen Unrechtsstaat.

Sie enthielt eine Fülle von Beschränkungen der persönlichen Freiheit. Eingriffe, selbst in das Familienleben der Deutschen, wurden nun zur Selbstverständlichkeit. Als Hauptgegner erkoren sich die Nazis die beiden Parteien SPD und KPD aus.

Die Funktionäre dieser Parteien waren auch die ersten, die in »Schutzhaft« genommen wurden, um zu »anständigen Menschen« erzogen zu werden. Jedoch kam mancher nicht mehr in den Genuß des ihm zugedachten Schutzes, denn er wurde schon vorher von den Hilfstruppen totgeschlagen.

Unter SS-Sturmbannführer Rolf Müsel machte die SS-Standarte 33, Rheinhessen, Jagd auf den politischen Gegner. Aus dem erhofften grandiosen Wahlsieg der Nazis am 5. März wurde nichts: 56 Prozent der Wähler stimmten nicht für sie, in Mainz waren es sogar 67,8 Prozent.

Trotzdem wurde am 23. März 1933 das Ermächtigungsgesetz auch mit den Stimmen der anderen Parteien – außer denen der SPD – verabschiedet. Die KPD-Abgeordneten konnten allerdings schon nicht mehr dagegen stimmen, sie wurden vorher verhaftet.

Nach der für die Nazis enttäuschend verlaufenen Wahl übernahmen sie trotzdem auch in Mainz am 7. März durch die Besetzung des alten Rathauses in der Stadthausstraße offiziell die Macht. Oberbürgermeister Ehrhard weigerte sich, die Hakenkreuzfahne als demonstratives Zeichen der Machtübernahme zu hissen. Dies änderte aber nichts mehr an dem politischen Ende des demokratischen Lebens in Mainz. Die Nazis setzten Oberbürgermeister Ehrhard ab und entließen ihn am 22. März 1933 aus dem Dienst.

Viele Bürger erhitzten sich noch über die nun überall wehenden Hakenkreuzfahnen, aber das sich ausbreitende Unrecht vermochte niemand mehr aufzuhalten. Gleichzeitig mit der sichtbaren Machtübernahme in Mainz erfolgte auch die geistige und kulturelle Gleichschaltung. Dies galt auch für alle Vereine bis auf wenige christliche Vereinigungen, die sich immer noch zur Wehr setzten. Von den Gewerkschaften kam kein Widerstand.

Mit besonderer Vorliebe nahmen sich die Nazis der Presse an. Die jüdischen, sozialdemokratischen und kommunistischen Blätter wurden kurzerhand verboten, die restlichen gleichgeschaltet. Am 7. März besetzte SS-Sturmscharführer Fritz Klesy mit seinen Gefolgsleuten und SA-Truppen die Redaktion der »Mainzer Volkszeitung«. Bei Freunden und politischen Gegnern als »Zanggaß-Tante« bis dahin geliebt und gefürchtet.

Beim Mainzer Anzeiger brauchten sie sich keine Mühe zu machen, Redakteur Saurmann verbreitete schon vorher die Nazi-Ideologien, obwohl das Blatt noch kein offizielles Parteiorgan oder, wie es später hieß, noch keine »Gauamtszeitung« war.

Untätig sah die Mainzer Schutzpolizei den Entdemokratisierungen zu – sie tolerierte sie. Einem Beihilfeersuchen von Oberbürgermeister Ehrhard

Der »Stahlhelm« marschiert durch die Boppstraße. Die »Neustädter« säumen den Straßenrand.

gegen randalierende SA-Männer folgte sie einfach nicht mehr.

Der nach dem 20. März 1933 neueingesetzte kommissarische Bürgermeister Philipp Wilhelm Jung ordnete die Umbenennung aller an demokratische Größen erinnernden Straßennamen in Namen von sogenannten alten Kämpfern an. Damit sollte die Schande ausgemerzt werden, die die Schwarzen und Roten bei der Benennung der Straßen verübt hatten. Nationalsozialisten, der »Führer« an der Spitze, Frontsoldaten und verdiente Mainzer wurden von der Stadtverwaltung und Bürgerschaft dadurch geehrt, daß Straßen nach ihnen benannt wurden.

Es gab im einzelnen folgende Änderungen: »Der Halleplatz heißt fortan Adolf-Hitler-Platz, die Rathenaustraße Eleonorenstraße, der Rathenau-Platz Karl-Helfferich-Platz, die Forsterstraße Horst-Wessel-Straße, der Forsterplatz Horst-Wessel-Platz, der Bebelring Kaiser-Wilhelm-Ring, die Gerichtsstraße Kaiser-Friedrich-Straße, die Schloßstraße Ernst-Ludwig-Straße, die Legionstraße Richthofenstraße, die Lasallestraße Peter-Gemeinder-Straße, die Hugo-Preußig-Straße Schlageterstraße.«

An die Schulen erging schon 1933 der Aufruf, daß sich in Zukunft alle Knabenklassen unter Führung der Lehrer an Umzügen zu beteiligen hätten. »Die nicht benötigten Lehrkräfte fügen sich ebenfalls in eine geschlossene Gruppe ein, sofern sie nicht gesondert mit dem Nationalsozialistischen Lehrerbund marschieren.«

Der »Thing«-Platz am Fort Weisenau bekam Saison. Für den 24. Juni ordnete der Hessische Minister für Kultur und Bildungswesen eine Sonnenwendfeier an. »Dazu haben der ganze Lehrkörper und alle Schulklassen einzutreffen. Mit Fahnen und Wimpeln des deutschen Jugendwerkes (Hitlerjugend, Bund deutscher Mädchen und Jungvolk) marschiert die Schule auf unseren gemeinsamen Festplatz. Dort findet frisches, fröhliches Treiben, umrahmt von Musik, Mannschaftsspielen, Gesang und Tänzen statt.« Den Einsatz befahl der stellvertretende Kultusminister Ringenhausen.

Wer sich nicht einreihte, geriet in die Mühlen der braunen Schulbürokratie. Hier ein Beispiel, wie man mit nicht linientreuen Amtsanwärtern umging: Der Mainzer Emil Darapsky legte im März 1935 das 2. Staatsexamen ab, aber eine Stelle bekam der gläubige Katholik und Nichtnazi im höheren Schuldienst nicht. Begründung: Lehrerschwemme. Dafür begann für ihn eine schikanöse Versetzungskampagne durch den Volksstaat

Hessen. Stationen seiner Tätigkeit waren die Volksschule in Mainz, die kaufmännische Berufsschule in Alsfeld, die Volksschule in Ober-Roden, wiederum die Volksschule in Mainz, die Volksschule in Darmstadt, die Volksschule in Fürth/Odenwald, die Volksschule in Darmstadt, die Volksschule in Sprendlingen und als Studienassessor zum ersten Male die Oberschule von Butzbach. Nach zweijähriger Wehrdienstzeit erhielt er die ersehnte Anstellung als Studienassessor am Progymnasium von Wöllstein, die ihm zum Verhängnis wurde, weil ein Denunziant anregte, daß auf den neuen Assessor besonders geachtet werden müsse, denn aus seiner Ecke kämen gefährliche Gedanken.

Innerhalb weniger Monate nach der Machtergreifung der Nazis stieg Deutschland zur »Aufmarsch-Nation« empor. Aufmarsch und Eintopf-Sonntag wechselten in steter Reihenfolge. Bis zum »Kanonen-statt-Butter-Schrei« Görings war es nicht mehr weit. Das Chaos war vorprogrammiert.

Als Organisatoren für dieses irrwitzige Treiben dürften die einzelnen SA-Gruppierungen in Mainz und in der näheren Umgebung anzusehen sein. Diese Sturmbanner entstanden allerdings nicht in allen Gemeinden, sondern nur mit bestimmten Schwerpunkten. Schon 1932 wurde der Sturmbann zur Standarte 117 umgewandelt. Innerhalb der Standarte 117 gab es vier Sturmbanner: I/117 Nierstein, II/117 Mainz-Altstadt, III/117 Mainz-Neustadt und Vororte, IV/117 Stadecken. An diesen Gründungen konnte man ablesen, wo die Keimzellen der Ur-Nazis saßen. Durch die spätere Verlegung des Sturmbanns nach Mainz übernahm diese der Sturmbann-Adjutant Müller. Ihn löste am 9. November 1933 der Obersturmbannführer Hüger und später Hauptsturmbannführer Stierle ab. Sein Sitz war in der Schillerstraße 1, im »Braunen Haus«, heute wieder Osteiner Hof. Die straff gegliederte und durchorganisierte SA in Mainz hatte beispielsweise keinerlei Probleme, die ihr zuteil werdenden Aufgaben, die Überführung von Festgenommenen in das KZ Osthofen, zu übernehmen. Für die nötige

Bürgermeister Grabfelder mit Ortsgruppenleiter Karl Ludwig Burkhard »Lawy«.

Die SA marschiert durch den Gonsenheimer Wald. Wieder dabei »Lawy« Burkhard, hinten links mit schwarzer Mütze.

Das Eingangstor des KZs Osthofen am 22. April 1933. Die SA bewacht die »Umerziehungsanstalt«.

Kontrolle sorgten SS-Sturmbannführer Karl Ober, SS-Untersturmführer Adam Sparwasser, SS-Hauptsturmführer Maier, SS-Obersturmführer Schönemann sowie SS-Obersturmbannführer Dr. Steinbacher vom SD Unterabschnitt Hessen.

Jeder Gefolgsmann bekam eine wichtige Aufgabe zugeteilt, in der er sich unersetzlich fühlte. Trotzdem wurde er von einem anderen kontrolliert, und dieser wiederum wurde von einem noch Höheren zur Rechenschaft gezogen. So entstand ein System des völligen Gehorsams.

Schon vor ihrer Machtübernahme legten die Nazis von Unzuverlässigen – Kommunisten, Sozialdemokraten, Zentrumsleuten sowie sich allzu laut bekennenden Christen – Listen an. Mitte März richteten die Nazis in der alten Fabrik in Osthofen ein reines Männer-KZ ein. Das Lager war mit etwa 250 bis 400 Mann ständig belegt und hatte als »Einzugsgebiet« die drei hessischen Provinzen Hessen-Kassel, Hessen-Nassau, Hessen-Darmstadt.

Die Insassen waren hauptsächlich Männer aus der Arbeiterbewegung, den Gewerkschaften sowie parteilose Antifaschisten. Hinzu kamen auch noch einige jüdische Häftlinge und Separatisten. Das Lager wurde auf dem Gebäude einer Möbelfabrik eingerichtet. Manche Rechnung unpolitischer Art beglichen hier die Rheinhessen unter sich. Charakteristische Beispiele zeigen auf, für welche »Verbrechen« man nach Osthofen kam.

Die Lokalpresse berichtete zu dieser Zeit noch ausführlich über die Überführung von Landsleuten in dieses Lager. So am 18. September 1933: »Durch die Flugblattverteilung in der Nacht vom 31. August 1933 veranlaßt, wurden in Finthen durch Anordnung des Landespolizeipräsidenten von der Gendarmerie in Mainz die früheren Funktionäre der KPD: Nikolaus Hanselmann, Jakob Steinbrecht, Johann Rothgerber, Ludwig Rehm, Jakob Silz, Rudolf Feick und Peter Josef Binnefeld, unter Zuhilfenahme der Hilfspolizei, der SA und des Stahlhelms, verhaftet. Es sind darunter verschiedene Kommunisten, die Osthofen bereits zum dritten Male kennenlernen.«

Konnte man bei diesen Verhafteten noch politische Motive anführen, so waren die Gründe für die folgenden Verhaftungen mehr als fadenscheinig: »Heinrich Groh jun. in Dorndürkheim wegen Beleidigung der Führerin der NS-Frauenschaft in Eimsheim-Gimbsheim. Der Sohn eines hiesigen Landwirts wurde ins Konzentrationslager Osthofen gebracht, da er andauernd die Maßnahmen der Regierung verächtlich zu machen suchte.« Nackenheim: »Am 7. März 1933 wieder nach Osthofen. Die Gebrüder Rösinger, die schon einmal wegen Bedrohung hiesiger Personen nach Osthofen gebracht worden waren, mußten abermals nach dort überführt werden, weil sie den Bürgermeister bedroht haben. Hoffentlich lernen sie jetzt in Osthofen, was manche von ihnen dort gelernt haben. Der neue Staat ist ein Staat der Ordnung und nicht der Willkür.«

Hahnheim, am 21. September 1933: »Um eines anderen belehrt zu werden! Der Bäckermeister Heinrich Schröder von hier wurde nach Osthofen ins Konzentrationslager gebracht. Er hatte auf der Selzener Kerb wieder einmal eine schwarz-rote Anwandlung bekommen und behauptet, daß die Fahne, wenn auch verbrannt, doch nicht tot wäre. Die Zeit wird ihn anderes lehren.«

Schornsheim, am 8. Mai 1933: »Damit er umlernt! Der Arbeiter Ludwig Matthes von hier wurde durch die Hilfspolizei festgenommen und in das Konzentrationslager nach Osthofen gebracht. Matthes hatte sich vor allem bei einem Reichsbannerüberfall auf Mitglieder der NSDAP rühmlichst hervorgetan. Auch er dürfte bald einsehen, in wie verhängnisvollem Irrtum er sich seinerzeit befunden hat.«

Oppenheim, den 18. Mai 1933: »Er wollte nach Osthofen. Vom Arbeitsamt in Mainz wurde gestern morgen ein etwa 19jähriger Mann nach Oppenheim zum Arbeitsdienstlager geschickt. Unterwegs, im Eisenbahnwagen, schimpfte er auf die SA und SS bzw. wollte sie lächerlich machen. Einer der Mitreisenden meldete dies dem Eisenbahnpersonal, das telefonisch Bericht nach Oppenheim gab. Hier wurde er in liebenswürdiger Weise von der Polizei in Empfang genommen, die ihn statt ins Arbeitsdienstlager nach Osthofen ins Konzentrationslager weiterleitete.«

Undenheim, 9. August 1933: »Verhaftet! Der Arbeiter Braun wurde gestern durch das Sonderkommando Oppenheim verhaftet, da er die Reichsregierung beschimpft hat.«

Zum Festkommers der Draiser Feuerwehr erschienen am Abend des 24. Juni 1933 drei Finther SA-Männer mit ihrem Ortsgruppenführer Ludwig Burkhard. Als einige Anwesende nicht die Hand zum deutschen Gruß erhoben und aufstanden, verhafteten die Chargen: Leonard Möndel, Paul Baumann, Jakob Brill, Anton Geisbusch, Franz Spettel, Johannes Spettel und Barbara Geisbusch. Sie verschwanden für 16 Tage im KZ Osthofen bzw. im Mainzer Polizeigefängnis.

Die Beispiele dieser Meldungen über die Einweisung von politischen Gegnern ließen sich weiter fortführen. Sie dokumentieren den Geist, der über Jahre hinaus Denken und Handeln bestimmen sollte.

Viele Mainzer hatten sich für zwölf Jahre von Recht und Wahrheit verabschiedet. Manch einer war nur allzu gerne bereit, blindlings dem Führer zu folgen. Dessen Programm wurde in einer billigen Volksausgabe angeboten, doch offenbar hat sich kaum jemand ernsthaft damit auseinandergesetzt.

Es brach eine Zeit an, in der für nicht wenige eigenständiges Denken abgeschafft war. Am 9. Februar 1934 tagte der 5. Strafsenat des Reichsgerichts in Leipzig, um in einer Strafsache wegen Hochverrats und Sprengstoffverbrechens Recht zu sprechen. Angeklagt waren vier Gonsenheimer Arbeiter. Die vier hatten zusammen mit einem zu Freunden geflüchteten Kommunisten aus dem zum Bonner Bergwerks- und Hüttenverein gehörigen Kalksteinbruch bei Budenheim 125 kg Donaritsprengstoff, 4000 Sprengkapseln, 60 Zündschnüre und Zündlichter entwendet und in einem Tunnel beim Schloß Waldthausen versteckt. Diese Sprengstoffmenge hätte ausgereicht, um die neue Führung ins Jenseits zu befördern.

Einweihung des 117er Ehrenmals auf dem Horst-Wessel-Platz (vormals Forsterplatz), 2. Juli 1933. SA, SS, Stahlhelm, Polizei und Feuerwehr sind unter den Hakenkreuzfahnen aufmarschiert.

Inbetriebnahme des ersten öffentlichen Feuermelders durch die Mainzer Berufsfeuerwehr 1934 am Neubrunnenplatz.

Einmarsch der deutschen Wehrmacht am 7. März 1936 über die Mainzer Straßenbrücke. Dazu ein französischer Historiker: Hier wechselten die Schicksalsreiter die Pferde.

Da der Sprengstoff gefunden wurde, war es ein leichtes, die vier Gonsenheimer ausfindig zu machen und sie unter Anklage zu stellen. Sie erhielten sieben bzw. acht Jahre Zuchthaus (14J328/1934).

Beim ersten Besuch Hitlers in Mainz am 13. Juni 1932 soll ein Antifaschist auf der Großen Bleiche, Ecke Bauhofstraße, ein Attentat auf den Führer versucht haben. Der Versuch schlug fehl. In einer vernagelten Kiste sollen die NS-Schutzstaffeln den vermeintlichen Attentäter das Treppenhaus in der Bauhofstraße hinuntergeworfen haben.

Auch in Alzey, nahe dem Wartbergstadion, gab es einen mißglückten Attentatsversuch. Der Attentäter konnte zuerst fliehen, wurde aber später denunziert, verhaftet und anschließend in Osthofen eingeliefert. Solche mißglückten Attentate stärkten den Mythos der Unversehrtheit des Führers durch die Vorsehung, der bis zum unrühmlichen Selbstmord Hitlers reichte.

Mit dem Einmarsch der deutschen Truppen in das nach dem Versailler Vertrag entmilitarisierte linksrheinische Gebiet am 7. März 1936 unterstrich Hitler den Anspruch auf Wehrhoheit über das ganze deutsche Reich. Die ehemaligen Siegermächte protestierten zwar, zum Handeln war ihnen der Anlaß jedoch zu nichtig. Durch den Einmarsch sollte die Volkssouveränität auch im Rheinland wieder zur Geltung kommen. Vorerst mußten die Truppen noch mit der altersschwachen GFZ-Kaserne in der Freiligrathstraße 6 vorliebnehmen. Der Rüstungsboom machte jedoch nicht vor den Mainzer Toren halt, die planmäßigen Vorbereitungen zum Zweiten Weltkrieg liefen auch in Mainz auf vollen Touren. Innerhalb weniger Jahre entstanden die Kathen-Kaserne in Gonsenheim, die Nachrichten-Kaserne in Hechtsheim und die Flak-Kaserne an der Saarstraße. Auf der rechtsrheinischen Seite in Kastel wurde die von-Goltz-Kaserne gebaut und die Mudra-Kaserne restauriert.

Schon in Friedenszeiten zogen verschiedene Truppenteile wieder in Mainz ein und festigten den Ruf einer Garnisonsstadt. In der Hauptsache handelte es sich um das Infanterieregiment 87, das schwere Artillerieregiment 72, das Artillerieregi-

Stadtsportfest am 17. Mai 1936: Lauf rund um die Kaiserstraße. Hans Hornung gewinnt für die Gutenbergschule (heute Frauenlobgymnasium).

Mainz lebt auf seinen Plätzen. 1936 zeigen Kunstradfahrer ihr Können auf dem Markt.

BDM-Führerinnentreffen auf der Zitadelle 1936.

Zum Tag der alten Kämpfer am 8. Oktober 1936 marschiert die HJ vor dem Theater auf.

ment 36, verschiedene Pionierzüge, Nachrichteneinheiten und die Flakstammeinheit 9 sowie den Stab des 39. Flakregiments I. Zusammen 4500 Mann.

Kurz vor Beginn des Zweiten Weltkrieges sprengten Pioniere eine Landebahn in den Ober-Olmer Wald, um dort den Finthener Feldflughafen zu bauen, der als Landebahn für die Invasion nach Frankreich gedacht war, was seine nach Westen gerichtete Startbahn noch heute bezeugt.

Mit der Verlängerung der allgemeinen Wehrpflicht nach den Olympischen Spielen im Jahre 1936 waren die Kasernen im Mainzer Raum voll belegt.

Trotzdem wahrte Mainz sein friedliches Antlitz, und die Bürger bemerkten wenig von der sich einrichtenden Kriegsmaschinerie. Der Luftschutz zeigte sich zwar immer reger, und die Probealarme, die mit dem nervenzermürbenden Aufheulen der Sirenen eingeleitet wurden, verhießen nichts Gutes. In allen Häusern der Stadt mußten »bombensichere« Keller eingerichtet werden, und pflichtbewußte Blockwarte wachten über die Einhaltung der Befehle.

Die totale Überwachung des Staates, die Bespitzelung und Denunziation waren nahezu perfekt. Organisierte Widerstandsgruppen existierten nicht. Trotzdem empörten sich immer noch Einzelpersonen, manchmal auch Zweier- oder Dreiergruppen gegen den Moloch der Diktatur. Kurze Zeit erschienen noch die illegalen Flugblätter von der »roten Vilzbach«. Am 28. Juni 1933 hob die SA die Druckerei in dem Altstadtlokal zum »Schieferstein« aus. Der Widerstand stand auf verlorenem Posten.

Die Kontrolle der Nazis erstreckte sich bis in die Familie. Sorge vor der Zukunft, verführtes Denken und ganz einfach Angst machte manchen Bürger zum willfährigen Werkzeug. Zu viele blieben passiv und warteten ab – bis es zu spät war. Öffentlich wagten nur noch wenige, ihre Meinung zu vertreten.

HJ-Pimpfe mit Fanfaren in der Schöfferstraße 1937.

Am Vorabend zum Christ-Königs-Fest am 27. Oktober 1935 sammelten sich Gläubige auf dem Bischofsplatz um dem neu gewählten Bischof Albert Stohr in seiner antifaschistischen Haltung zu stärken. Jugendliche, darunter viele in HJ-Uniformen störten die Versammlung. Kurz darauf räumte die Polizei den Platz und zerstreute die Menge. Schon in der Nacht zum 20. Juni am Fronleichnamfest »verzierten« SA-Männer das bischöfliche Palais am Bischofsplatz mit der Aufschrift »Haus der Devisenschieber« in Anspielung auf Vorgänge in Klöstern des Deutschen Reiches. Das bischöfliche Ordinariat führte zwei Jahre lang einen Prozeß um 200 Reichsmark Schadenersatz: ergebnislos.

Als einer der wenigen Aufrechten galt der Karnevalist Seppel Glückert, der als Protokoller des MCV mit süffisanter Zunge Paroli bot. Seine gut gesetzten Verse trafen.

Ernst Moßner stand dem MCV-Protokoller nicht nach. Besonders Gauleiter Sprenger und Kreisleiter Fuchs ärgerten sich über seine Verse. In den ersten Fastnachtskampagnen klatschte das Publikum in der Mainzer »Gut Stubb«, der Stadthalle, den folgenden Versen Beifall:

In der Verwaltung aber frei
Ergreift er so für uns Partei,
Daß unser ganz neu' Obrigkeit
Sich heut schun uff die Fastnacht freut.

Als Dr. Barth sah frühlingsfrisch
Mit Schweizern erstmals schunkeln ich,
Da dacht bei mir ich frohgemut:
Der neue Ober, der werd gut.

Er ist wohl arisch – mach' kään Spaß –
Erbost noch über alles, was
Von Übel war, doch jed' Gebrest
Die Fastnacht ihn vergessen läßt.

Der Protokoller des MCV, Seppel Glückert, wagte sich selbst an Goebbels ran:

Wenn Goebbels spricht von Nah' und Fern,
Ihm lauschen alle Hörer gern.
Hab' ich geredd' mit Mund und Händ,
Hot die ganz' Stadthall' schun geflennt!

Jetzt hot sich, sag's nicht für die Katz,
Aach abgefärbt mein'n Seel, mei'n schwarz.
Braun sinn mir all jetzt um die Reih'
Un fühle uns ganz wohl dabei.

Sankt Petrus, un des nit so knapp,
Schun lang gewechselt hot sein' Farb;
Stets rief er aus des Himmels Haus:
SA marschiert, die Sunn eraus. –

Und schon der Himmel hat gelacht.
Somit ist der Beweis erbracht,
Daß von dem Zentrum, sonnenklar
Der erste Nazi Petrus war.

Was jahrelang wohl Tag für Tag
Der Führer seinem Volk versprach,
Er hielt sein Wort, auf jeden Fall,
Da er gesagt: »Ich krieh se all.«

Auch über solche Verse lachte das närrische Publikum:

Auch in Oppenheim ist nie verstummt
Unsere Liebe und wächst alltäglich
Seit der rote Bonze im Kitsche brummt,
Ist's dort sogar ganz erträglich.
    Kampagne 34/35, Henry Bender

Ich wollt, ich wär ein Emigrant,
Der brauch kään Geist und kään Verstand,
Brauch kään Charakter nachzuweise –
So'n Kerl brauch bloß mit Dreck zu schmeiße.
    Kampagne 34/35, Adolf Gottron

Heit gibt's kää links, heit gibt's kää rechts, kää Mitte,
Wir sind vereint im Reich, dem Dritte,
Und auf der anderen Länder Hetz,
Da baßt am best's Zitat vom Götz.
    Kampagne 35/36, Jakob Wucher

100 Jahre Gutenbergdenkmal 20. Juni 1937. Grund zum Aufmarsch. Vorweg Hans Schmitt mit seinem Musikzug. Im Hintergrund das geschlossene Kaufhaus Lahnstein.

Soldaten des 87. Infanterieregiments als Fahnenschwinger 1939 in der Kurfürstenstraße.

Der Autor rüstet sich zum letzten Rosenmontagszug vor dem Krieg 1939 in der Hindenburgstraße.

Am 6. Januar 1934 stiegen in der ersten Herrensitzung des MCV die neu ernannten NS-Größen, der kommissarische Oberbürgermeister Dr. Barth und der Provinzialdirektor Dr. Wehner, in die Bütt, um ihre schon längst vertriebenen politischen Gegner noch zu verulken.

In der Gauamtszeitung Mainzer Anzeiger, 14. Februar 1936, monierten die Brauchtumswächter zur Kampagne 1935/36: »Üble Witze verbitten wir uns. Wir sind der Meinung, daß weltanschauliche Frozzeleien und Hinterhältigkeiten, die Stimmungsmache gegen den Nationalsozialismus bezwecken, nicht aus der Bütt gesprochen werden dürfen. Der Nationalsozialismus hat dem Mainzer Karneval allen Schutz angedeihen lassen. Diese verächtliche Stimmungsmache aber hat zu unterbleiben.«

Am Aschermittwochmorgen des Jahres 1935 ließ Jakob Sprenger den Vorstand des MCV instinktlos verhaften und vorführen. Der NS-Pressebeauftragte Gustav Staebe bejubelte die Inhaftierung des närrischen Komitees und die Vorführung bei Gauleiter Sprenger als den Clou der Fastnachts-Kampagne 1934/35.

Seppel Glückert bedankte sich ein Jahr später für die Verhaftung der »Komiteeter« des MCV und die Bewirtung im Central-Hotel:

Als im März Herr Jakob Sprenger
Nahm in Haft uns närr'sche Sänger,
Habe manche brave Leut'
Sich in Mainz zu früh gefreut.

Märchen man erzählte schon,
Freilich nur im Flüsterton,
So wie heut sich jung' und alte
Volksgenosse unterhalte.

Diese sah'n uns närr'sche Spitzen
Schon im Geist in Dachau sitzen,
Ohne Mitleid, ohn' Bedauern,
Lebenslang als Erbhofbauern.

Sein Vortrag endete:
Hier Kritik zu üben frei
– So an Dachau knapp vorbei –
Freude auslöst, – immer wieder
Auch bei euch – ich kenn' euch Brüder!

Stolz präsentiert sich die Reiterstaffel der Mainzer Polizei nach der Winterhilfesammlung im Januar 1937 im Hof des Polizeipräsidiums vor der Gefängnismauer. Von links nach rechts die Schutzleute: Becker, Kreß, Hofmann, Hallstein, Göbl, Wagner I, Wagner II, Uhl, Mehlmann, Edelmann.

Die 3. Kompanie des 87. Infanterieregiments marschiert 1939 zur Vereidigung durch die Göttelmannstraße. Hoch zu Roß Hauptmann Rose. Zivilisten und HJ begleiten die Soldaten.

1938. Blick von der Fürstenbergerhofschule über die Altstadt zum Dom. Eine Hakenkreuzfahne flattert im Winde.

Die Pressewagen am Bahnhofsplatz während der ersten großen Luftschutzübung am 2. September 1937.

Den neuen Herren gefiel das Mainzer Brauchtum, und sie setzten es geschickt für die Glorifizierung germanischer Lebensfreude ein. Man überlegte sich schon eine Änderung des Namens »Fastnacht« in »Fasnacht«, was allerdings bei den Mainzern auf wenig Gegenliebe stieß.

Dr. H. Strobel glaubte den wahren Sinn der »Fasnacht« im Germanentum gefunden zu haben. »Fastnacht« war für ihn abartig. »Helau mit Löffelschwingen«, nannten die Nazis ihre völkische Umarmung, und nicht wenige Mainzer Narren zogen mit. Gemeint war die Kombination von Karnevalsaufmärschen mit Eintopfsonntagen.

In der Anfangszeit, und das muß gesagt werden, hatte das Hitlerregime große Erfolge aufzuweisen: Beseitigung der Arbeitslosigkeit, Bau der zunächst unnützen Autobahnen, da keine Motorisierung vorhanden war, die prächtige Olympiade 1936 in Berlin und die Stabilisierung der Währung durch Einführung der Rentenmark.

Als Adolf Hitler am 11. Oktober 1938, während seiner Rheinreise, vom Hauptbahnhof zum Halleplatz fuhr, lief das Ganze unter strengsten Sicherheitsvorkehrungen ab. Das Volk durfte seinem geliebten Führer nicht mal Blumensträuße zuwerfen, aus Angst vor Attentatsversuchen.

Die SS bekam einen Rüffel, da sie bei der Durchfahrt zum Führer blickte und nicht die Menge am Straßenrand im Auge behielt (nach einem Bericht des SS-Obersturmbannführers Dr. Steinbacher an den SD-Unterabschnitt Hessen).

An der Anlegestelle am Halleplatz bestieg Hitler den Rheindampfer »Hansestadt Köln« und winkte in Herrscherpose den jubelnden Menschen noch lange zu.

Die verantwortlichen Sicherungskräfte waren allerdings schon vor dem Besuch des Führers in Panik geraten: Am 24. September 1938 war am Bahndamm, der zum Schlacht- und Viehhof führte, eine Ladung Sprengstoff mit Zündschnur gefunden worden. SS-Obersturmbannführer Dr. Steinbacher reichte eiligst einen Bericht an den Gauleiter Jakob Sprenger in Frankfurt ein. Aber bereits vier Tage später sah die Polizei diesen Fall als abgeschlossen an, da es sich bei der aufgefundenen »Sprengladung« um geteerte, völlig durchweichte Kanonenschläge handelte, die im Handel erhältlich waren und vom Militär als Übungsmittel

Luftschutzübung am Höfchen: Der Lautsprecherwagen kommt. Pflichtbewußt laufen die Uniformierten zuerst zu den Luftschutzräumen.

Verlassen ist der Verkaufsstand vor dem Kaufhaus Lahnstein am Höfchen während des Probealarms am 2. September 1937.

benutzt wurden, um die Pferde »schußfest« zu machen.

Ganz beiläufig manifestierte sich das Böse, ohne daß die Betroffenen das tödliche Ausmaß auch nur ahnten. Wieder war es eine Minderheit, die, wie schon oft in ihrer Geschichte, verfolgt wurde. Aber diesmal sollte es ihr endgültiger Untergang werden – im offiziellen Sprachgebrauch bezeichneten die Nazis das in seiner Ungeheuerlichkeit sprachlich unbenennbare Vorhaben als »Endlösung«.

Zunächst säuberte die Gestapo Mainz von 104 Zigeunern, die hauptsächlich in der Welschnonnengasse und der Kirchgasse wohnten. Die Schutzpolizei meldete am 25. Mai 1940 Mainz »zigeunerfrei«. Treblinka und Auschwitz hießen die letzten Stationen der Vernichtung für die Mainzer Zigeuner, von der Polizei noch zuvor mit den Prädikaten: »faul, arbeitsscheu, träge« belegt.

Mit einer Flut von Gesetzen verbannten die braunen Diktatoren die Juden nach und nach aus dem öffentlichen Leben. Die Juden von Mainz, die seit Generationen in gutem Einvernehmen mit ihren Mitbürgern lebten und hohes Ansehen genossen, waren nun dazu bestimmt, dahinzusiechen, um schließlich den gewaltsamen Tod im Konzentrationslager zu sterben. Das jüdische Magenza verschwand. Nach 1933 lebten noch 2 609 jüdische Mitbürger in Mainz. Sie mußten miterleben, wie die Nazis ihr Vernichtungsprogramm Schritt für Schritt in die Tat umsetzten. Den ersten großen Einschnitt gab es nach den vom späteren Bundesminister Globke im Jahre 1935 kommentierten Nürnberger Gesetzen, die jeden Bürger, der ein öffentliches Amt bekleiden wollte, zum Ariernachweis verpflichteten. Damit begnügten sich die Nazis noch nicht: die zahlreichen jüdischen Geschäfte in Mainz waren ihnen ein besonderer Dorn im Auge. Es gab zahlreiche Boykottaufrufe, mit der Folge, daß bis zum Jahre 1939 alle jüdischen Geschäfte aus der Mainzer Geschäftswelt verschwunden waren. Man »arisierte« sie; nicht immer zum Mißfallen der christlichen Kaufleute. Aber auch nicht wenige waren betroffen.

Unter Arisieren verstand man die Nötigung jüdischer Eigentümer, ihre Geschäfte an »Arier« zu verkaufen, meist zu Spott- oder Schleuderpreisen.

Mancher Gestapo-Mann bereicherte sich an jüdischem Eigentum und mußte sich vor einem SS-Gericht – vgl. Gewahrsamsbuch B des Polizeigefängnisses Mainz – verantworten.

Namen wie Leonhard Tietz (Kaufhof), Scheuer & Plaut (Bekleidungsfabrik), Lahnstein (Samen-Kämpf), Hamburg (Lotz u. Soher), Fröhlich (Kapp), Seidenhaus Frank (Leininger), Gugenheimer (Greisinger), Bankhaus Kahn, Kaufhalle Levinsohn, Textilhaus Löwenstein, Lebensmittel Goldschmidt, Stubs-Quelle sind nur einige, die den alten Mainzern, trotz der nationalsozialistischen Hetze, in guter Erinnerung geblieben sind.

Für den, der sich der Judenhetze in den Weg stellte, gab es eine »Prangertafel« in der nun amtlichen Gauzeitung des Mainzer Anzeigers.

So erschien am 13. August 1935 folgende Meldung:

»Prangertafel Judenknechte!

In dem jüdischen Betrieb Gebrüder Hamburg in Mainz wurde ein amtliches Rundschreiben der Ortsgruppe der DAF (Deutsche Arbeits-Front) zum Aushang gebracht.

Das Mitglied des Vertrauensrats, Helene Unrath, riß dieses Schreiben ab und erklärte gemeinsam mit dem ebenfalls dort beschäftigten Vertrauensratsmitglied Franziska Groß, daß sie ihrem jüdischen Betriebsführer etwas Derartiges nicht antun könne.

Das sind Judenknechte, die deutsche Gefolgschaftsmitglieder innerhalb des Betriebes vertreten sollen. Wir lehnen derartige Mitglieder in unserer Volksgemeinschaft ab.

Kreisverwaltung Mainz der Deutschen Arbeits-Front.«

Zum großen Paukenschlag aber holten die braunen Machthaber nach der Ermordung des deutschen Gesandtschaftsrates vom Rath in Paris aus. In der in aller Welt mit Abscheu aufgenommenen »Kristallnacht« vom 10. November 1938 verwüsteten wildgewordene SA-Horden von Mainz, unter ihnen Studienräte der damaligen Hermann-Göring-Oberrealschule (heute Gymnasium am Kurfürstlichen Schloß), die Synagoge in der Hindenburgstraße, ließen sie in Flammen aufgehen und zerschlugen alle noch bestehenden jüdischen Geschäfte sowie die restlichen Gebetsstuben in Gonsenheim, Mombach und Hahnheim. Die Schüler bekamen unterrichtsfrei, um sich in den jüdischen

Betriebsjubiläum 1938 der Fa. Joh. Falk III u. Söhne. Weltanschaulich gefestigte Druckereimitarbeiter erschienen in NS-Uniform.

Wohnungen auszutoben. Die SA kontrollierte anschließend das Zerstörungswerk der Schüler.

Von nun an begann die systematische Vertreibung der letzten Mainzer Juden. Schwer traf es die Mittellosen, die kleinen Leute, die es sich nicht leisten konnten, die Kosten für Auswanderung aufzubringen. Sie mußten Haß und Spott über sich ergehen lassen.

Besonders aktiv zeigte sich der SA Sturm IV/117 Stadecken. Die Behandlung durch die Behörden war demütigend und erniedrigend. Einige Beispiele, aus welchen Gründen Juden bei der Gestapo vorgeladen wurden:

»Frau Mildenberger hat nicht auf Sarah unterschrieben«, »Fräulein Hähnlein zu verwarnen«, »Fräulein Hochheimer, Mainz, Uferstraße 38, zu

Die SA marschiert durch die Bahnhofstraße in Finthen. Ein Musikzug der Wehrmacht bläst ihnen den Marsch.

Die gesprengte Synagoge in der Hindenburgstraße im Winter 1938/39.

verwarnen wegen unnötigen Vorsprechens bei der Gestapo«.

»24. Juli 1941: Benno Israel Simon. Mainz, Fuststraße 11, wegen Schwätzerei auf einer Bank vor dem Gutenberg-Denkmal verwarnt.«

»8. Mai 1942: Herr Epstein zu verwarnen, da mit brennender Zigarre spazieren.«

»20. Mai 1941: Damit Besuche in Cafés unterbleiben, regt Herr Kommissar Weyer an, die Speisestube durch ein Café zu vergrößern.«

»10. April 1942: Mainzer Anzeiger lehnt Abonnement ab. Zeitungen müssen an Kiosken gekauft werden. Hierzu werden besondere Genehmigungen für Kapp und Goldschmidt erteilt.«

»27. Oktober 1942: Die arischen Ärzte von der Ärztekammer angewiesen, Juden nicht zu behandeln.«

»16. Dezember 1942: Hella Lemmel zu verwarnen (verdeckter Stern).«

»24. August 1942: Verwarnen: Frau Hirsch, Weisenau (verdeckter Stern).«

»Zwei Mädels, die täglich laut lachend über die Rheinbrücke gehen.« (Gemeint waren jüdische Kinder.)

Aus solchen und ähnlichen Gründen vorgeladen zu werden, machte das sowieso schon beklagenswerte Leben der Juden zu einem täglichen Spießrutenlaufen. Diejenigen, die diese Diffamierungen nicht ertrugen, gingen freiwillig in den Tod. Für die meisten Juden stellten die Transporte nach Theresienstadt das Ende einer langen Kette von Demütigungen und Verfolgungen dar. Der nahe vermutete Tod mag für manchen als Erlösung gewirkt haben.

Nach Abschluß der unter dem Namen »Wannseekonferenz« bekanntgewordenen Verhandlungen zwischen dem Reichsführer der SS, Himmler, dem Chef des Sicherheitsdienstes, Heydrich, sowie Offizieren des Oberkommandos des Heeres am 21. März 1941, deren Ergebnis der Beschluß zur physischen Vernichtung aller Juden war, trieben die Chargen der SS nun auch die Mainzer Juden der berüchtigten »Endlösung«, das heißt der Tötung, zu.

Die Geheime Staatspolizei in Mainz, unter Leitung von Kommissar Weyer, übernahm die Schlüsselrolle bei dem nun folgenden Vernichtungswerk. In den zwölf Jahren des Tausendjährigen Reiches standen 56 NS-Angehörige im Sold der Gestapo Außenstelle Mainz.

Von der jüdischen Gemeinde in Mainz lebten nach 1945 noch ganze 50 Personen. Sie konnten

Die Wache vor dem »braunen Haus« (Osteiner Hof) ist wieder aufgezogen. Eine Attraktion für die Bevölkerung am Schillerplatz.

Propagandakarte aus dem Jahre 1936. Mit ihr sollten zumindest die Mainzer Parteigenossen in alle Welt grüßen.

sich als sogenannte »Rassejuden« mit überwiegend privilegierter Mischehe über die Epoche des Wahnsinns retten. Drei Sternträger (Juden) entkamen dem Abtransport durch Flucht. Ein einziger überlebte in der Illegalität, dank des Mutes von vier nichtjüdischen Familien.

Am 10. Juli 1945 konnten 24 ältere jüdische Menschen aus Theresienstadt heimgeholt werden. Ein Oppenheimer Weinhändler weigerte sich zurückzufahren. Er wollte seine Heimatstadt nie mehr wiedersehen. Die heimgekehrten jüdischen Mitbürger biwakierten zunächst im Pavillon des Städtischen Krankenhauses, bis sie freigemachte Wohnungen und Zimmer in Mainz erhielten.

Der ehemalige Vorsitzende der jüdischen Gemeinde, Alfred Epstein, vermerkt nüchtern am 1. April 1963: »Mainz zählt nach Worms, Bingen und Alzey 127 jüdische Bürger. Eine Kontinuität der Gemeinde gibt es nicht. Das fruchtbare und bedeutende Leben der traditionsreichen Mainzer Gemeinde ›Magenza‹ ist in den Nächten der Deportation im März und September 1942 und im Februar 1943 erloschen. Die Toten verpflichten die Lebenden.«

Die Nazis gaben während der ersten Kriegsmonate die Parole aus: »Pst – Feind hört mit!«; was als Abschirmung nach außen gedacht war, wurde nach innen praktiziert.

Mit fortschreitender Kriegshandlung verstärkte sich die Bespitzelung. Von denen, die aus irgendwelchen Gründen von der Front zurückgestellt waren, sahen sich viele als Kämpfer an der Heimatfront. Ob Frauenschaftsleiter, SA-Truppführer, HJ-Fähnleinführer oder Luftschutzwart, jeder trug sein Scherflein zum Endsieggedanken bei.

Die Kontrolle über die Bevölkerung, besonders über Andersdenkende, war nahezu perfekt. Selbst im Bombenhagel in Luftschutzkellern konnte es niemand wagen, ein lautes Wort über den Wahnsinn dieses Krieges zu sagen. Entschlüpfte trotzdem jemandem ein Wort über das Chaos, das sich immer mehr in der Stadt ausbreitete, ließ er seiner Meinung freien Lauf, so konnte er fast sicher sein, in den nächsten Tagen in der Kaiserstraße 31 vorsprechen zu müssen.

Wie Schafe pferchten die Geheimen Staatspolizisten ihre Arrestanten nach den Verhören in einem Lattenverschlag im Innenhof des Amtsgebäu-

Es ist zum Die-Wände-Hochgehen: Der Führer kommt.

des in der Kaiserstraße 31 ein. Dort mußten sie stunden- manchmal sogar tagelang auf die Überführung in Polizeihaftanstalten durch die SS ausharren.

Polizeikommissar Weyer sowie sein Nachfolger Wagener konnten sich absolut auf ihre Gestapo-Leute verlassen. Traurige Berühmtheit erlangten der SS-Obersturmbannführer Maier und der Gestapo-Mann Fritz Eichenauer wegen ihrer Brutalität. Zum üben des »deutschen Grußes« schickte Eichenauer seine Vorgeladenen für Stunden oder Tage in den Keller der Gestapostelle. Tritte, Schläge und fliegende Tintenfässer gehörten zum Begrüßungszeremoniell des diensteifrigen Beamten. Wer von den Vorgeladenen großes Glück hatte, konnte sich mit einer Verwarnung verabschieden und durfte sich zu einem Sondereinsatz bei Kreisleiter Fritz Fuchs melden.

Solche Gnadenakte kamen jedoch selten vor. Schneller waren die »Geheimen« mit der Einweisung in die Gestapo-Gefängnisse im alten Luisen-Palais von Darmstadt, wo der berüchtigte Gestapo-Chef Fritz Gierke seit 1944 residierte, mit der »In-Schutzhaft-Nahme« im Mainzer Gefängnis oder mit der Einweisung in eines der zahlreichen Lager.

Die SS-Standarte 33 Mainz grüßt den Vertreter der dinarischen Rasse: Adolf Hitler am 11. Oktober 1938 in der Kaiserstraße.

Die Verhafteten wurden vor solchen Einweisungen oftmals geprügelt, die Einweisung in vielen Fällen auf unbegrenzte Zeit verfügt. Aus Angst und Mißtrauen wagte niemand mehr, nach den plötzlich Verschwundenen zu fragen: sie waren einfach abgeholt worden.

Um Raum für ihre zahlreichen Gefangenen zu schaffen, legte die Gestapo in Mainz und in der näheren Umgebung zu Beginn des Zweiten Weltkrieges mehrere Lager an, Schutzhaftlager, Zivillager und Polizeihaftlager. In ihnen vegetierten bis zum unrühmlichen Ende des tausendjährigen Reiches Tausende Inhaftierte aus allen Nationen dahin.

Auf dem Fliegerhorst Mainz-Finthen, nahe der Ruine Leyenhof, direkt am Ober-Olmer Wald, lebten seit dem Sommer 1944 in einer mit Stacheldraht umzäunten Holzbaracke ca. 150 Holländer und Luxemburger bis zum Kriegsende. Sie arbeiteten für die Organisation Todt auf dem Fliegerhorst.

Eine kleine Einheit des berüchtigten Strafbataillons 999 quartierte sich unter dem Kommando von Oberleutnant Ehrenfeld im alten Pfarrhaus von Schwabenheim ein. Die Insassen waren degradierte deutsche Soldaten, die statt der Stiefel Lumpen um die Füße trugen und unter Bewachung täglich zu Aufräumungsarbeiten nach Bingerbrück oder zu Schanzarbeiten zum Fliegerhorst Finthen gebracht wurden. Viele, heute noch lebende Schwabenheimer Bürger machten ihrem Ärger über diese erniedrigende Behandlung Luft.

Im vergitterten Tanzsaal des Gasthauses »Zur Stadt Mainz« in Schwabenheim schliefen 90 Polen und Franzosen. Auch sie standen unter der Aufsicht eines deutschen Bewachers. Im »Mainzer Hof« in Drais wurde ebenfalls der Tanzsaal im ersten Stock zur Behausung für 35 Polen, die als Zivilarbeiter tagsüber bei Draiser Bauern arbeiteten. In wechselnden Stärken lebten während des Krieges über 3500 Zivilarbeiter und Kriegsgefangene in der Mainzer Innenstadt. Sie arbeiteten bis zum Kriegsende in 47 Mainzer Firmen. Nach dem

Angriff vom 20. Dezember 1943 forderte die Kreisleitung Mainz vom Strafgefangenenlager Limburg 1592 französische Kriegsgefangene für Aufräumungsarbeiten zusätzlich an. Für die meisten Zivilarbeiter und Kriegsgefangenen, mit Ausnahme der russischen Gefangenen, war das Leben den Umständen entsprechend noch erträglich.

Ein Arbeitskommando vom Straflager X, Dieburg-Rodgau, stellte Wehrmachtsbaracken in der Firma G. A. Gerster auf der Ingelheimer Aue her. In vier Baracken hausten 200 Gefangene, darunter Ausländer, Kriminelle und etwa 35 »Politische«. Unweit des Lagers schwamm im Floßhafen das Wohnschiff »Elsa« für weibliche Zivilarbeiterinnen.

Schlechter erging es den Inhaftierten im Mainzer Gefängnis sowie im Gefängnis des Polizeipräsidiums und den Insassen des Polizeischutzhaftlagers »Rhein« auf der Ingelheimer Aue und dem Lager Weisenau. Das Lager Weisenau bestand aus einer Holzbaracke und einem Bunker auf dem Gelände der Portlandwerke. Es diente zeitweise als Durchgangslager, hauptsächlich für Gefangene nach Gießen und zum Arbeitserziehungslager Heddernheim bei Frankfurt.

In der Zeit vom 23. September 1943 bis 27. Juli 1944 wies das Polizeipräsidium 213 Gefangene ein, hauptsächlich Russen und Polen, aber auch vereinzelt Deutsche. Das Lager Weisenau unterstand als Außenkommando ebenso wie das Lager Finthen dem SS-Sonderlager Hinzert im Hunsrück und dieses wiederum seit dem 18. Januar 1945 (nach dem Verzeichnis der Haftstätten in Arolsen 1979) dem KZ Buchenwald.

Das Lager der Firma Pfleiderer auf der Ingelheimer Aue bestand aus zwei Teilen, dem Zivilarbeitslager »Pfleiderer« und dem mit Stacheldraht abgetrennten Polizeischutzhaftlager »Rhein«. Zwei Holzbaracken bildeten das Kernstück dieses Lagers. Hier herrschten der SS-Sturmscharführer Friedrich Otto Köhler als Lagerleiter seit Juli 1944, und sein Stellvertreter, der SS-Sturmführer Gustav Renz aus Bensheim. Der Rest der Bewacher bestand – neben einigen deutschen – aus sogenannten völkischen SS-Leuten, die hauptsächlich aus Lettland, Estland und Kaukasien kamen. Ergänzt wurde diese Mannschaft durch eine Reihe von deutschen SS-Hilfswachmännern, von denen nur wenige einen Lichtblick für die Gefangenen bedeuteten. Gefürchtet dagegen war der »Handkantenschläger«, SS-Mann Karl Vollrath, nach seinen eigenen Aussagen vor einem französischen Militärgericht in Bad Ems 1947.

Das Lager war insgesamt mit 200 Mann belegt. Die Arbeitszeit betrug 12 Stunden an sechs Tagen in der Woche. Geschlafen wurde auf Stroh, welches zeitweise mit schwarzen Verdunklungspapier abgedeckt war. Zwei Wolldecken dienten als Zudecke. Die Verpflegung bestand aus einer dünnen Wassersuppe als Hauptmahlzeit, morgens und abends gab es »Muckefuck« und trockenes Brot. Zusätzliche Nahrung fanden die Gefangenen nur in den Mülltonnen der Zivilarbeiter des Lagers »Pfleiderer«, welches südlich an das Haftlager angrenzte und in dem vornehmlich Frauen und Männer aus der Ukraine wohnten. Unter diesen Bedingungen mußten die Inhaftierten Betonfertigplatten für die Firma Pfleiderer herstellen.

Hitler nimmt an Deck der »Hansestadt Köln« von den Mainzern Abschied. Zehntausende winken ihm am Rheinufer zu.

Reichspropagandawerbung am 14. März 1940: Ein Erfolg jüdischer Kolonisation in Palästina. Blick auf die Ölfabrik Shemen bei Haifa, die auf das modernste ausgestattet ist. Nur wohlhabende Juden konnten von solchen Ausreiseangeboten Gebrauch machen. Für die Mittellosen blieb die Gaskammer.

Am 16. März 1945 wurde der Rest der Lagerinsassen von »Rhein«, die den Luftangriff vom 27. Februar überlebt hatten, nach Frankfurt überführt. Im Griesheimer Wäldchen wurden sie von der SS nach Aussagen eines ehemaligen SS-Hilfsmannes erschossen. Das gleiche Schicksal wie diese Gefangenen erlitten auch nicht mehr arbeitsfähige russische und polnische Kriegsgefangene, unter ihnen auch Juden und jüdische Kinder. Sie wurden von der SS in der Nähe des Mombacher Waldfriedhofs erschossen und später in Massengräbern beigesetzt. Insgesamt liegen dort 3 333 tote Russen, Tschechen und Polen aus der Umgebung, von denen 1 530 »ohne Namensangabe« geführt werden.

Am 14. März 1950 errichtete die damalige sowjetische Militärmission einen schlichten Gedenkstein auf dem Mombacher Waldfriedhof mit kyrillischer Inschrift: »Ewiger Ruhm den Kämpfern für die Freiheit. Hier sind begraben 3 330 sowjetische Bürger, gestorben in faschistischer Sklaverei.«

Bezeichneten die Nazis ihre Haftanstalten im Laufe des Krieges auch nicht mehr alle als »Konzentrationslager« so trieben sie dennoch in diesen sogenannten »Schutzhaftlagern« ihre Schandtaten wie in den Vernichtungslagern von Treblinka oder Auschwitz. Nur die Gaskammern blieben den Inhaftierten erspart. Sie konnten aber am Ende eines von Demütigungen und Folterungen gezeichneten Weges direkt als Erlösung erscheinen. Der gemeine Mord und Totschlag in den Sonderlagern blieb erhalten, oder, wie es SS-Mann Vollrath formulierte: »Man ließ die Puppen tanzen!« Was darunter zu verstehen war, können nur die ehemaligen Insassen dieser Lager berichten.

Im Polizeigefängnis der Innenstadt, das sich wie das Polizeipräsidium im Dalberger Hof in der Klarastraße befand, registrierte die Polizei allein im Laufe des Jahres 1943/44 1 527 Personen aus zehn Nationen. Zwischen der Schutzpolizei, der SS und der Gestapo herrschte bestes Einvernehmen. Die Gestapo holte im gleichen Zeitraum 914 Personen aus dem Polizeigefängnis und stellte sie zu Transporten in die Konzentrationslager und Schutzhaftlager in ganz Deutschland zusammen. Neun kamen nach Dachau, 35 nach Buchenwald, vier nach Auschwitz, zwölf nach Ravensbrück und vier nach Hinzert. Neun wurden zu den SS-Gerichten nach Wiesbaden und Frankfurt gebracht. Im Terror unterschieden die Nazis auch nicht nach Nationen. Auf Platz eins der Überführung standen die Deutschen, gefolgt von den Franzosen.

Die Rechtsprechung in politischen Verfahren übernahm im Jahre 1934 der Volksgerichtshof (VGH), welcher ausschließlich zu diesem Zweck eingerichtet wurde. Rechtsgrundlage dafür bildete die Notverordnung, Artikel 48, Absatz 2 vom Jahre 1933. Diese wurde noch ergänzt durch eine Fülle weiterer Erlasse und Verordnungen, zum Beispiel die Verordnung über außerordentliche Rundfunkmaßnahmen vom 1. September 1939. Hiernach wurde unter Todesstrafe gestellt, wer Nachrichten ausländischer Sender abhörte oder deren Nachrichten verbreitete. Solche »Vergehen« konnten nur geahndet werden, wenn Mitbürger bereit waren, als Zeugen aufzutreten. Und es geschah nicht selten, daß übereifrige Parteigenossen ihre Mitbürger anzeigten und dann vor Gericht als Zeugen aussagten. Ein abscheuliches Schauspiel boten die Nazis in Gonsenheim als sie am 16. Juli 1942 den polnischen Zivilarbeiter Wladislaus Pachuta öffentlich hängten (so standesamtlich beurkundet). Der Pole hatte eine deutsche Landarbeiterin »getätschelt« und wurde von einer übereifrigen, überzeugten NS-Führerin denunziert.

Kreisleiter Fritz Fuchs sorgte zusammen mit dem damaligen Bürgermeister und dem Ortsgruppenführer von Nieder-Olm für die Einweisung von zwei fleißigen und anständigen Negermischlingen in das Konzentrationslager Dachau.

Der Ort sollte von zwei »Bastarden« befreit werden, die im Deutschen Reich nicht mehr tragbar seien, zumal sie sich mit deutschen Frauen herumtrieben. Nach dem Krieg übernahm Fritz Fuchs in einem Prozeß die volle Verantwortung für dieses Verbrechen.

Während des Krieges, von 1942 an, sprach der Volksgerichtshof täglich etwa zehn Todesurteile aus. Mainz selbst besaß kein solches Sondergericht. Für die Mainzer war Darmstadt zuständig. Die Richter des Volksgerichtshofes und die ihnen gleichgestellten Sonderrichter trugen rote Roben mit dem Reichsadler und Hakenkreuz.

Gegen Ende des Krieges mußten sich die Richter immer häufiger mit Fällen von Fahnenflucht befassen. Auch Fahnenflüchtige wurden mit dem Tod bestraft. So kam auch die Wehrmacht mehr und mehr in den Sog der Sondergerichte.

Die zum Tode Verurteilten wurden vom Wagen der Wehrmacht, zusammen mit den Erschießungskommandos, in der Morgendämmerung zu den Gonsenheimer Schießständen, heute Elsa-Brändström-Straße, zur Exekution gefahren. Die Erschießungskommandos der Wehrmacht erschossen zwischen 1942 und 1945 im Stand 6 zehn deutsche Soldaten, beurkundet beim Standesamt Gonsenheim. In Gonsenheim starben damit mehr deutsche Wehrmachtsangehörige durch Erschießungskommandos als in der amerikanischen Armee: Einen GI, Eddie Slovik, erschossen die Amerikaner während des ganzen Zweiten Weltkriegs in einer Armee von über acht Millionen Soldaten.

Auf den Mainzer Friedhöfen liegen viele deutsche Soldaten, deren Todesursache als »unbekannt« angegeben ist. Bei einem, dem Soldaten Karl Helbig, der im Februar 1945 in der Kathenkaserne standrechtlich erschossen wurde, kennt man den Grund. Er wollte nach Hause, das bedeutete Fahnenflucht.

Gegen den Studienassessor Emil Darapsky verhängte der Volksgerichtshof ebenfalls die Todesstrafe:

»Der Oberreichsanwalt   Berlin, 23. 5. 1944
beim Volksgerichtshof
5 J 395/44

Emil Darapsky, geb. 10. 6. 1906 in Mainz, wohnhaft in Wöllstein (Kreis Alzey), Ernst-Ludwig-Straße.

Er hat seit 1940 in Briefen an seine Mutter und an seine Schwester den Kampf für Führer und Vaterland aussichtslos und als eine ›ganz blöde Sache‹ hingestellt, den Führer, den er einen ›Oberteufel‹ nannte, mit der Schuld an den Terrorangriffen der Kriegsfeinde belastet und die deutschen Wehrmachtsberichte als verlogen bezeichnet.

Die Angeklagten Emil und Ella Darapsky haben sich wiederholt in Briefen defaitistisch geäußert. Sie werden daher wegen Wehrkraftzersetzung verurteilt, und zwar

Emil Darapsky zum Tode und Verlust der Ehrenrechte auf Lebenszeit und Ella Darapsky zu 5 Jahren Zuchthaus und zu 5 Jahren Ehrverlust.
gez. Dr. Greulich   gez. Dr. Makart«

2. Amerikanische Tage, englische Nächte

Durch zuvielversprechende Parolen des Luftschutzes gestärkt, wiegte sich die Mainzer Bevölkerung zu Beginn des Krieges in Sicherheit – sie war jedoch nur scheinbar. Den zahlreich angesetzten Übungen mit Probealarmen, Rettungs- und Löschübungen der Feuerschutzpolizei schien der Erfolg schon von vornherein beschieden. Auf die einzeln einfliegenden Bomber richteten sich alle Scheinwerferbatterien, und die in Mainz postierten Flakgeschütze überschütteten die Einzelflieger mit einem Granatenhagel, der die meisten Maschinen zum Abdrehen zwang. Noch griffen die Schutz- und Abwehrmaßnahmen der Sicherungskräfte. Nur drei Feindeinflüge gab es 1939.

Gegenmaßnahmen der Bomberstaffeln der britischen Luftstreitkräfte, des Bomber Command, beschränkten sich auf Störangriffe während der Nächte mit einzelfliegenden veralteten Bombern der Typen: Vickers Wellington Mk I und Mk I A sowie Bristol Blenheim Mk IV und Whiteley.

Die über dem freien Feld ausgeklinkten Bomben ließen die Vermutung zu, daß die englischen Flugzeuge in der Dunkelheit Mainz gar nicht finden konnten. Dabei war der Rhein mit seinem silbrig-weiß glänzenden Band während der mondhellen Nächte eine ausgezeichnete, nicht zu übersehende Markierungslinie von Rotterdam bis Basel. Außerdem war das Bomber Command durch exakte Luftaufnahmen vom 2. Januar und 7. April 1940 über Mainz im Bilde.

Jeden Verdunklungssünder, der es versäumte, zu der vorgegebenen Zeit seine Fenster dicht zu verhängen und das Licht zu löschen, belegte die Luftschutzpolizei mit empfindlichen Strafen. Wer gar nachts mit der Taschenlampe herumfuchtelte, fand sich womöglich als englischer Spion in einem der zahlreichen KZ wieder.

Selbstverständlich erschienen in der einschlägigen Gau-Presse nach den nächtlichen Überflügen der Engländer ungeheuer große Abschußerfolge. Beim Zusammenzählen der erzielten Feindabschüsse gab das OKW, nach Aussagen eines ehemaligen Stabsoffiziers, immer eine Grundmeßzahl vorweg und zählte dann die tatsächlichen Abschüsse hinzu.

Eine einzige abgeschossene Maschine wurde gleich mehrmals von verschiedenen Registrierstellen der Flakeinheiten mitgezählt. Die Gestapo kümmerte sich um die eventuell abgesprungenen Flieger und untersuchte peinlichst genau Kontaktaufnahmen der Bevölkerung mit den Gefangenen, wie beim Abschuß bei Gernsheim aus den Vernehmungsakten hervorgeht.

Nach der abgebrochenen Luftschlacht um England, im September 1940, erholten sich die englischen Luftstreitkräfte sehr schnell, und die Angriffe des Bomber Command und des Fighter Command verstärkten sich.

Der Luftgau XII mit seinem Kommando in Wiesbaden bekam alle Hände voll zu tun. In Mainz richtete sich die Luftwarnzentrale des Luftgaus XII zunächst im Telegrafenamt am Münsterplatz und ab 1940 im bombensicheren Keller des Polizeipräsidiums in der Klarastraße ein.

Bis zum Kriegsende versuchte dort ein großer Stab von 100 Luftwaffenhelfern und -helferinnen, die unter dem Kommando von Luftwaffenmajor Gottfried Gerster standen, die Mainzer Zivilbevölkerung rechtzeitig vor den angreifenden Bombergeschwadern zu warnen.

Zur Unterstützung saßen Luftwaffenhelfer als Beobachter schon zu Beginn des Krieges auf zwei Beobachtungstürmen im Lennebergwald und auf der Flakkaserne an der Saarstraße.

Fiel die Stromversorgung aus, was gegen Ende des Krieges immer häufiger vorkam, so fuhren Schutzpolizisten mit Sirenenwagen durch die Straßen und warnten die Bevölkerung vor den Bomberströmen.

Die Beobachter lauschten in die Nacht und suchten den Himmel nach feindlichen Maschinen mit Ferngläsern ab, um ihre Beobachtungen mittels einer direkt geschalteten Telefonleitung zur Luftwarnzentrale in die Klarastraße weiterzuleiten. So hatte Mainz die Gewähr, auch bei Ausfall der zentralen Luftwarnung noch halbwegs rechtzeitig über einfliegende Feindmaschinen informiert zu werden. Die ersten Alarme gab die Luftwarnzentrale am 23. und 31. Mai des Jahres 1940.

Die Statistik der Luftwarnzentrale, veröffentlicht im »Neuen Mainzer Anzeiger« vom 4. Januar 1946, meldet im Jahre 1940 insgesamt 79 Alarme mit 90 Stunden Dauer. Im Jahre 1941 sank die Zahl der Vollalarme bis auf 51 ab. Die Dauer verlängerte sich aber auf 106 Stunden. 1942 gab es 80 Alarme mit 103 Stunden Dauer. Das Jahr 1943 bescherte den Mainzern 130 Vollalarme von insgesamt 125 Stunden Dauer. Im Jahre 1944 mußten die Mainzer 644 Alarme mit jeweils fünf bis sechs Stunden Dauer hinnehmen. Ein Mittel von 9,7 Stunden täglich. Ein täglicher Alarm von durchschnittlich 9,7 Stunden Dauer erscheint sehr hoch. Wahrscheinlich ist in dieser Angabe die bei Überfliegen der Reichsgrenze ausgelöste Luftwarnung inbegriffen. In den ersten drei Monaten des Jahres 1945 wurden in Mainz soviele Alarme ausgelöst, wie zwischen den Jahren 1941 und 1943 zusammen.

Der Januar bescherte 68 Alarme, im Februar steigerte sich die Zahl auf 73 und bis zum 20. März folgten noch einmal 57 Alarme mit 187 Stunden Dauer. Den letzten Alarm löste die Luftwarnzentrale kurz vor dem ersten Artillerieschuß auf Mainz aus. Dieser fiel um 13.30 Uhr am 20. März 1945. Dann schaltete die Luftwarnzentrale ab, und die nicht über den Rhein geflüchteten Bediensteten warteten im Keller des Polizeipräsidiums auf den Einmarsch der Amerikaner.

Die Besetzung der Luftwarnzentrale durch Soldaten der 90. US-Division verlief völlig kampflos, und nach kurzem Verhör konnten die Helfer den Keller verlassen.

Während des Krieges löste die Luftwarnzentrale insgesamt 1 127 Alarme aus. So oft war »Quelle-Richard«, das Planquadrat in dem Mainz lag, vermeintliches Ziel feindlicher Luftangriffe.

Eine Besonderheit in diesem Warnsystem stellte der »Luftalarm 20« dar. Diese Luftwarnung war besonders für die Schulkinder gedacht, um größere Verluste in den Schulen zu vermeiden: zwanzig Minuten vor dem wahrscheinlichen Auslösen des Vollalarms gab die nächsthöhere Luftwarnzentrale telefonisch eine Luftwarnung an alle Schulen

Schaumlöschübung der Feuerschutzpolizei am Rheinufer vor der Kaiserbrücke 1940.

Einen besonderen Schutz erhielt der ehrwürdige Marktbrunnen. Mit diesem gemauerten Splitterschutzmantel überstand er unbeschadet den Zweiten Weltkrieg.

der von Feindflugzeugen wahrscheinlich zu überfliegenden Gebiete bekannt. Daraufhin schickten die Lehrer die Schüler nach Hause: eine willkommene Gelegenheit, die Schule vorzeitig zu verlassen.

Wegen der schweren Luftangriffe und der zahlreichen feindlichen Bomberüberflüge stellten die Mainzer Schulen den Unterricht am 9. September 1944 ganz ein.

Es darf nicht der Eindruck entstehen, Mainz sei in der Anfangsphase des Krieges von feindlichen Bombern nicht behelligt worden. Schon bei Kriegsbeginn, im Jahre 1939, erschienen die ersten französischen Bomber vereinzelt am Himmel von Mainz; der erste in der Nacht zum 17. September 1939. Diesen schoß die Flak ab; bei Gernsheim ging er zu Bruch. In seinen Bombenschächten fanden sich keine Bomben, aber eine Menge MG-Munition. Der Pilot, Lieutenant Etienne Caton von der »Potez 63«, wurde mit militärischen Ehren in Darmstadt beigesetzt.

In der Nacht zum 11. November erwischte die Abwehr wahrscheinlich ein deutsches Flugzeug, welches beleuchtet über Mainz kreiste und dann bei Budenheim abstürzte. Der Fall blieb mysteriös, und eine eingehende Untersuchung konnte wegen der strengen Absperrmaßnahmen der Aufschlagstelle nicht erfolgen.

Noch zweimal konnte Mainz fast friedliche Kriegsweihnachten feiern. Die ersten feindlichen Bomber erschienen erst wieder am 18. März 1941 gegen 20 Uhr über Mainz. Zwei Tage später warfen sie eine Unzahl von Flugblättern ab und forderten die Bevölkerung zum Widerstand gegen Hitler auf.

Während des ganzen Jahres erschienen nun regelmäßig in den Nächten die englischen Bomber, um die Zivilbevölkerung zu verunsichern. Die Flak-Abwehr gab den Bürgern ein gewisses Gefühl der Sicherheit. Gespenstisch griffen allabendlich die Lichtfinger der Scheinwerferbatterien von Bodenheim, Kastel, Mombach und Drais nach den einfliegenden Bombern. Für die Zivilbevölkerung begannen die Bombennächte.

41

Luftaufnahme der RAF vom 4. Juli 1940: Über Mainz im Bilde. Deutlich zu erkennen sind die Brücken und die Stadt Mainz am linken Rheinufer.

Man richtete sich so gut wie möglich in den meist schlecht ausgebauten und feuchten Kellern ein. Morgens liefen sich unausgeschlafene Menschen in die Arme, und das nicht nur in Mainz. Das Deutsche Reich wurde zur unausgeschlafenen Nation.

Damit hatte das Bomber Command der Engländer mit seinen Störangriffen schon einen Teilerfolg erzielt: die systematische Verunsicherung und Verängstigung der Zivilbevölkerung.

Jeder durfte nun den Reichsluftmarschall Göring »Meyer« nennen, denn dieser hatte prahlerisch im Großdeutschen Rundfunk verkündet, daß nie ein feindliches Flugzeug die deutsche Reichsgrenze überfliegen würde, sonst würde er »Meyer« heißen. Hinter vorgehaltener Hand witzelten die Kellergemeinschaften:

Hilf dem »Meyer« doch, o Gott,
Jetzt in dieser großen Not;
Gib ihm doch den richtigen Geist,
Daß er wieder Göring heißt!

»Meyers Waldhörner« (Sirenen) jagten die Mainzer mit ihrem markerschütternden Geheule von da an über fünf Jahre immer öfter in die Keller.

Im Jahre 1941 setzte das Bomber Command seine taktischen Nadelstiche gegen die Städte Deutschlands fort. In unregelmäßigen Abständen

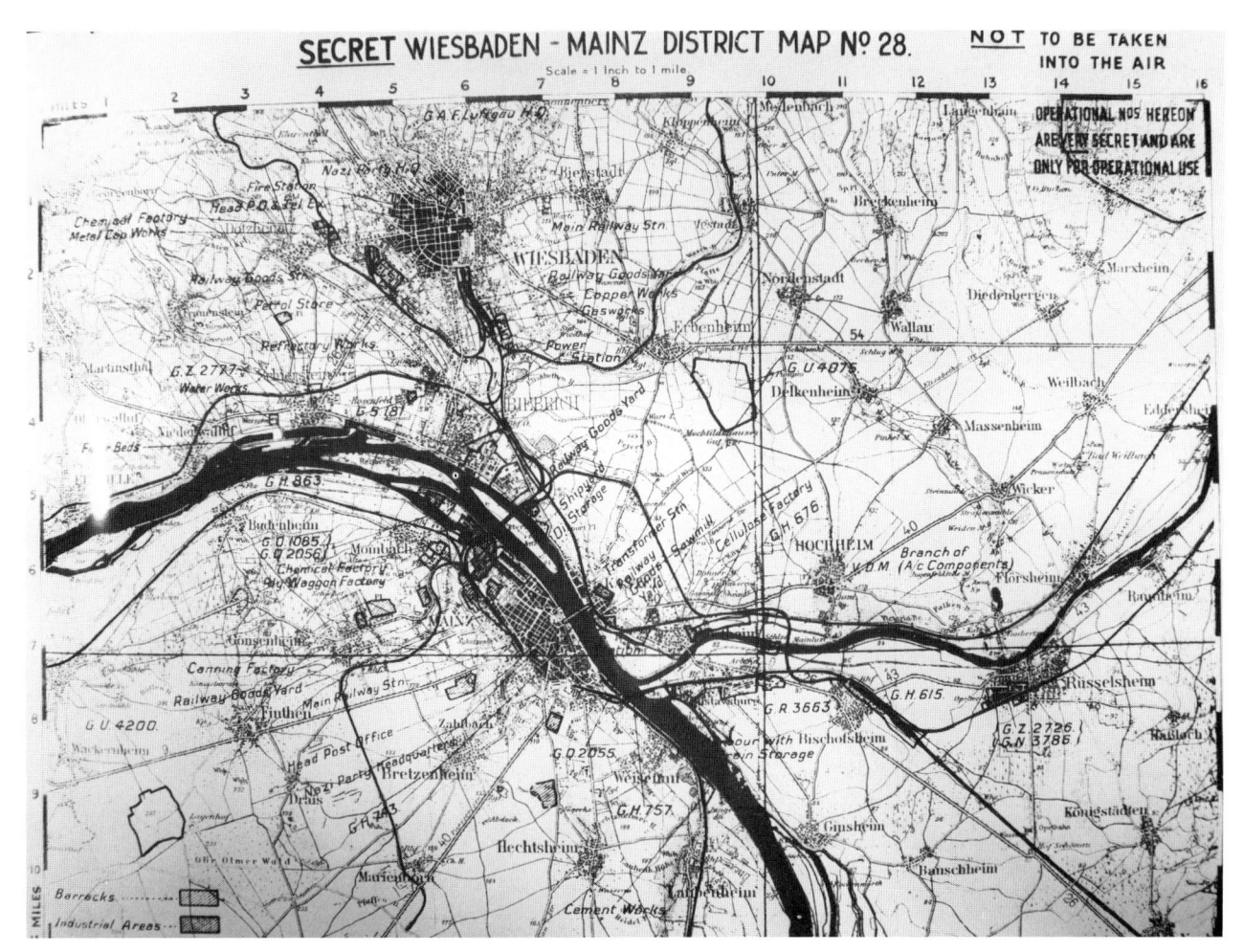

Angriffskarte der alliierten Flieger für Mainz-Wiesbaden. Strategische Ziele sind mit Code-Zahlen versehen. Weitere Angaben über Mainz fanden die Piloten der RAF in »The Bomber's Baedekker Part II«.

überflogen die einzelnen Maschinen das nächtliche Mainz und klinkten, wegen des starken Flakschutzes, über Wörrstadt, Nackenheim, Hochheim, Bischofsheim und Kastel ihre Bomben aus.

Am 5. August 1941 trafen Brandbomben die Reduit-Kaserne. Sie brannte völlig nieder.

Den ersten größeren Nachtangriff erlebte Mainz am 13. September 1941. Die abgeworfenen Sprengbomben beschädigten die Eingangshalle des Hauptbahnhofes und zerstörten ein Haus in der Erthalstraße. Dort fanden vierzehn Menschen den Tod.

In immer kürzeren Abständen jagte nun nächtliches Sirenengeheul die verschlafenen Bürger in die Keller. Meistens handelte es sich jedoch um Alarme, die für überfliegende Kampfverbände gegeben wurden. Nur gelegentlich fielen Bomben auf das Stadtgebiet und richteten dort verhältnismäßig geringen Schaden an. Auch in den ersten Monaten des Jahres 1942 blieb es im großen und ganzen ruhig.

Im Laufe der Zeit richteten sich die Mainzer auf die nächtliche Ruhestörung ein. Angezogen legten besorgte Eltern ihre Kinder abends in die Betten, um sie beim ersten Aufheulen der Sirenen, meist gegen 23.30 Uhr, aus dem Schlaf zu reißen und mit ihnen in den Luftschutzkeller zu stürzen.

Oft gab es erst morgens gegen drei oder vier Uhr Entwarnung. Da jedoch schwere Bombenangriffe ausblieben, fand man sich allmählich mit der Störung der Nachtruhe ab. Ein Witz hinter vorgehaltener Hand hielt die Kellergemeinschaft bei Laune! »Wo wären wir jetzt, wenn wir nicht unseren Führer hätten?« Stimme aus dem Hintergrund: »Im Bett.«

Die NS-Führung und der Gau-Amtsleiter Fritz Fuchs gaben sich die größte Mühe, die Harmlosigkeit dieser nächtlichen Ruhestörungen herauszustellen. Ja, mehr noch, linientreue Blockwarte hatten während der langen Wartezeiten im Luftschutzkeller Gelegenheit, ihre verlogenen Endsiegparolen zu verbreiten und die deutschen

Die brennende Stephanskirche 1942. Durch Funkenflug entstand der Kuppelbrand ein Tag nach dem Angriff.

Wehrmachtserfolge an der Ostfront und in Nordafrika entsprechend zu würdigen. Harmlose Witze durfte man sich während der Bombennächte ungestraft leisten. Zielscheibe war meistens der Reichsluftmarschall »Meyer« alias Hermann Göring. Ein eigenmächtiges Verlassen des Kellers stand unter schwerer Strafe nach der Durchführungsverordnung vom 7. Mai 1937 zum deutschen Luftschutzgesetz vom 26. Juni 1935. Aber auch diese unliebsamen Begleiterscheinungen vermochten die Bürger zu ertragen.

Im Laufe der ersten Kriegsmonate hatten viele schon die Kunst des Improvisierens erlernt, so daß das Leben trotz der kriegerischen Ereignisse fast normal verlief. Wenn auch nicht mehr alle Lebensmittel zu erhalten waren und selbst die Grundnahrungsmittel stark rationiert wurden, gab sich Mainz dennoch den Anschein einer recht friedlichen Stadt.

Alle Cafés und Tanzlokale wie das Tanz-Café »Telehaus« am Münsterplatz, hielten ihre Pforten geöffnet, die Heimaturlauber konnten sich noch vergnügen.

Sogar Zirkus Althoff gastierte mit seinem weithin sichtbaren Zirkuszelt auf dem umbenannten Halleplatz, der jetzt »Adolf-Hitler-Platz« hieß.

Doch dann kam die Nacht zum 12. August 1942. Um 1.15 Uhr heulten die Sirenen. Ein englischer Bomberverband von 68 Wellingtons Mk II, 27 Short Stirlings, 33 Lancasters und 25 der neuen Halifax II-Maschinen griff Mainz an, klinkte siebenundzwanzig der berüchtigten 4000 lb. Bomben (1800 kg Luftminen) sowie 180,9 Tonnen Sprengbomben und 149,2 Tonnen Brandbomben über dem Stadtgebiet aus.

Die Luftminen rissen ganze Häuserblocks weg. Mainz verwandelte sich in eine weithin sichtbare, brennende Fackel. Ganze Stadtviertel sanken in Trümmer.

Der Flachsmarkt, die Schusterstraße, die Ludwigsstraße, die Mittlere Bleiche, der Schillerplatz, die Mitternacht und die Rheinstraße existierten nur noch dem Namen nach. Nach Tagen noch brannte die Kuppel von St. Stephan. Die 2-cm-Flak auf dem alten Zeughaus stürzte in den brennenden Dachstuhl.

Nur vierundzwanzig Stunden später, in der Nacht zum 13. August, heulten die wenigen noch intakten Sirenen zum zweiten großen Feuersturm. Diesmal traf es die Neustadt, den Hauptbahnhof, den Güterbahnhof, einen Teil der Industrieanlagen auf der Ingelheime Aue und sogar die Rheinschiffe und den Zirkus Althoff am Güterbahnhof.

106 Maschinen der 9. RAF-Gruppe des englischen Bomberkommandos flogen Mainz an und lösten aus ihren Bombenschächten 28 Luftminen, 137,4 Tonnen Sprengbomben und 97,3 Tonnen Brandbomben.

Nach Beendigung des Bombardements kreisten noch einige »Viermots« im Tiefflug über dem Flammenmeer. Sie nahmen mit ihren Bord-MG die anrückenden Feuerlöschzüge sowie die fliehende Zivilbevölkerung unter Beschuß. Die Mainzer Flakbatterien schossen in der ersten Nacht sechs Bomber ab. Beim zweiten Angriff brachten sie es auf fünf feindliche Maschinen.

Ungläubig und verständnislos besahen sich die Bewohner dieses Vernichtungswerk. Noch unter Schockwirkung stehend, vermochten sie das Ausmaß der Zerstörungen nicht zu begreifen. Die sich orkanartig steigernden Feuerstürme breiteten sich fast über das ganze Stadtgebiet aus und hatten eine verheerende Wirkung auf die Menschen, die ihr Hab und Gut zu retten versuchten. Mainz sollte aber erst am Anfang seines Unterganges stehen. Nachdem die letzten Schwelbrände erloschen waren, zogen die Beteiligten Bilanz. Je nach Standort fiel diese, verständlicherweise, verschieden aus.

Die Los Angeles Times schrieb in ihrer Ausgabe vom 12. August 1942 (9 Stunden Zeitverschiebung): »Mainz, deutsches chemisches Industrie- und Eisenbahnzentrum, wurde letzte Nacht durch einen RAF-Angriff, der außerordentlich erfolgreich war, belegt. 16 Bomber gelten als vermißt.«

Im Mainzer Anzeiger, dem offiziellen Partei-

Die Mainzer Altstadt nach den RAF-Angriffen vom 11./12. und 12./13. August 1942. Besonders stark getroffen wurde das Gebiet um die Goldenluftgasse. Aufnahme eines RAF-Beobachters vom 15. August 1942 um 12.30 Uhr.

blatt des Gaues, suchten die Bürger vergeblich nach genauen Daten über den Hergang der beiden britischen Luftangriffe vom 12. und 13. August 1942. Dem Feind sollten keine Informationen über die Zerstörung der Stadt geliefert werden. Diese große Verschwiegenheit war völlig überflüssig, denn die exzellente Luftaufklärung der Briten lieferte brauchbare Daten: Am 15. August 1942 um 12.30 Uhr kreiste über Mainz ein einzelnes Flugzeug, um die angerichteten Zerstörungen mit seinen überdimensionalen Kameras aufzunehmen.

Am 16. August 1942 erschien für das Bomber Command in Sektion 2 folgender Bericht: »Am 15. August wurde die Stadt per Luftaufklärung fotografiert, aber die Aufnahmen sind durch Wolken und Wolkenschatten stellenweise beeinträchtigt, so daß eine genaue Einschätzung der Schäden nicht möglich ist. Eine erste Auswertung zeigt, daß große Gebiete im Stadtzentrum durch Feuer zerstört wurden; dazu gehören viele öffentliche Gebäude, Geschäfte und Wohngebäude.

Bemerkenswert ist der Militärdepots und Kasernen zugefügte Schaden; Lagerhäuser und Eisenbahnschuppen am Güterbahnhof, Hauptbahnhof und am Südbahnhof sind zerstört worden.

Anhand der augenblicklich zur Verfügung stehenden Fotos läßt sich sagen, daß zumindest 135 acres (54 Hektar) des Stadtzentrums zerstört wurden.

Aus verläßlicher Quelle verlautet, daß 400 Menschen getötet und viele mehr verletzt wurden. 40000 Menschen, von denen 30000 – fast ein Drittel der Bevölkerung – obdachlos waren, sind evakuiert worden.«

»Nach Berichten brannten während des letzten Angriffs auf Mainz zwei Öltransportzüge aus.

Am 20. August, sieben Tage nach dem letzten Angriff, soll der Hauptbahnhof für jeglichen Verkehr – mit Ausnahme von Militärtransporten – gesperrt worden sein.

Während der drei Tage, die dem Luftangriff auf Mainz folgten, kam im Frankfurter Hauptbahnhof

Kommandos der Wehrmacht räumen die Rheinstraße und reißen die Ruinen ein.

Fotografieren verboten, scheint dieser Luftschutzpolizist dem Reporter in der Schusterstraße zuzurufen. Der gerettete Hausrat einer Familie paßt auf einen zweirädrigen Handwagen.

Ein Behelfssanitätswagen mit einem »Roten Kreuz«-Fähnchen gekennzeichnet fährt über den Markt Richtung Theater.

Neugierig bestaunen Soldaten, Luftschutzpolizisten und Passanten auf dem Markt einen Bombentrichter. August 1942. Das Sprengkommando unter Führung von Oberfeuerwerker Kurt Engelhard leistete gute Arbeit bei der Blindgängerbeseitigung.

ein nicht endenwollender Strom flüchtender Frauen und Kinder an. Während des zweiten Angriffs auf Mainz wurden 34 Lastkähne, die mit Kohle beladen waren, versenkt.«

Mit gleichem Datum erging per Telex an das Luftfahrtministerium der USA unter der Registriernummer 1371 folgender Bericht der 9. RAF-Bomber-Gruppe:

»Allgemeine Beurteilung:

Diese Fotos, aufgenommen nach den Luftangriffen vom 11./12. und 12./13. August, zeigen, daß das Schwergewicht der Angriffe auf dem Stadtzentrum lag. Man sieht, daß sich große Verwüstungen über die ganze Stadt erstrecken; dazu gehören öffentliche Gebäude, Geschäfte und Wohngebäude an den Hauptdurchgangsstraßen. Nach grober Schätzung sind 24 Hektar der eigentlichen Stadt = Zentrum, zerstört worden. Beträchtlicher Schaden wurde Fabriken und Industrieanlagen – besonders in und um Biebrich – zugefügt.

Lagerhäuser und Eisenbahnschuppen am Güterbahnhof (Hauptbahnhof) und am Südbahnhof wurden zerstört. Vereinzelte Schäden lassen sich beobachten in Mombach, im Norden der Stadt und in Kastel, Amöneburg und Kostheim, am Ostufer des Flusses.

Mainz ist Garnisonsstadt, deswegen ist der an Militärdepots und Kasernengebäuden in der Stadt und den Vororten angerichtete Schaden ein interessantes (!) Charakteristikum der Luftangriffe«. Und so lautet die englische Version über die Zerstörungen:

1. Dom:
Dach zerstört und Kreuzgang beschädigt

2. Theater:
In Schutt und Asche gelegt

3. Bischöfl. Palais:
Ausgebrannt

4. Stadthaus:
Ausgebrannt

5. Justizgebäude:
Dach verbrannt

6. Schloß, Museum:
Völlig ausgebrannt

7. Bibliothek:
Teilweise ausgebrannt

8. Offizierskasino:
Ausgebrannt

9. Eisenbahnverwaltung:
Teilweise zerstört

10. Invalidenhaus:
Völlig ausgebrannt

11. Kegler-Sportheim:
Dach schwer beschädigt.

Deutsche Soldaten bei Aufräumungsarbeiten auf dem Dach der Leibnizschule nach den RAF-Angriffen im August 1942.

Der Gegner war durch eigene Luftaufnahmen seit dem Jahre 1940 völlig im Bilde und registrierte die Zerstörung von Mainz mit akribischer Genauigkeit. Dabei orientierte er sich an fotografischen Aufnahmen von Mainz aus dem Jahre 1934, die ihm der Verkehrsverein Mainz e. V. geschickt hatte und dessen Stempel heute noch die Rückseiten der Fotos ziert.

Die Parteiführung nutzte jedoch die Gelegenheit, in ihrer gewohnt pathetischen Sprache die Opfer ihres aufrichtig empfundenen Mitleids zu versichern, aber gleichzeitig ihren unerschütterlichen Glauben an den Endsieg zu propagieren.

Alle Zeitungen im Mainzer Umkreis spendeten für die Nazi-Führung das höchste Lob.

So schreibt das Nassauische Volksblatt vom 14. August 1942: »Tapfer haben sich politische Leiter, die Männer der Gliederungen und die Hitler-Jugend im Katastrophendienst eingesetzt. Unermüdlich sind die Männer der Polizei, des SAD, des RAD und RLW tätig. Mainz hat unerschütterlich seinen Kampfesmut und seinen Willen bewiesen, alles zu tun und zu opfern für das große Ziel des Endsieges.«

Unter der Überschrift »Die Heimat nimmt ihre Blutzeugen auf« erscheint ein Bericht über die Beisetzung der »Opfer des britischen Mordbrennertums« auf dem Mainzer Hauptfriedhof.

Alles, was in der braunen Prominenz Rang und Namen hatte, war erschienen, um sich von den Toten zu verabschieden.

Der Gauleiter, Jakob Sprenger, überbrachte den Gruß des Führers. Kreisleiter, Gauamtsleiter Fuchs richtete »die Herzen emporreißende Worte an die Leidtragenden«, wußte der Mainzer Anzeiger zu berichten.

Die Anwesenheit von Infanteriegeneral Stepphuhn, WB XII, und dem General der Flakartillerie, Heilingbrunner, gaben der Feier einen militärischen Anstrich:

»Hoch aus dem Äther erklingt das Dröhnen der Motoren deutscher Flugzeuge, als wollten sie Wache halten in dieser Stunde.« Der Bericht schließt mit den drohenden Worten des Reporters: »Diejenigen aber, die den Befehl zu dieser Schandtat gaben, mögen zittern vor der Abrechnung, die da kommt und bei der nichts vergessen wird.« Leere Drohungen angesichts dessen, was sich später noch ereignen sollte.

Viel Lob zollte die Naziführung den Löschmannschaften: »Ohne Rücksicht auf ihr Leben begannen die Männer sofort mit ihrer Brandbekämpfung.« Den Einsatz der Feuerwehrleute in Ehren, jedoch erfolgte dieser planlos. Dies wurde jedoch von den Nazis verschwiegen.

Der Einsatz der Löschzüge wurde in den Brandnächten vom 12. und 13. August 1942 nicht koordiniert. Die ankommenden auswärtigen Wehren folgten einfach dem Feuerschein und suchten sich ihre Löschobjekte selbst aus.

Rein zufällig löschten in der ersten Brandnacht die freiwilligen Wehren von Nierstein und Oppenheim den brennenden Dachstuhl des Domes und retteten so das Wahrzeichen von Mainz.

In der Neubrunnenstraße besaß die damalige Mainzer Berufsfeuerwehr ihre Mannschaftsräume und Fahrzeughallen. Sie konnte in dem Flammenmeer nicht mehr ausrücken und beschränkte sich auf das Ablöschen der umliegenden Brände.

Während die alarmierten Löschzüge von den rechtsrheinischen Gebieten an der Rheinstraße kleinere Brände unter Kontrolle brachten, waren ganze Straßenzüge der Innenstadt leer und brannten lichterloh.

Ihre Bewohner verharrten noch in den Kellern oder hatten schon gleich nach Beendigung des Angriffs versucht, freie Plätze oder das Rheinufer zu erreichen.

Durch den Abwurf der vielen Phosphorbrandbomben breitete sich in der Innenstadt eine riesige Feuersbrunst aus. Löschversuche waren sinnlos.

Wie sich der Einsatz der Feuerwehr darstellt, wenn eine ganze Stadt brennt, kann man aus dem Tätigkeitsbericht des damaligen Gruppenführers F. Krieg von der I. Feuerwehr-Bereitschaft aus der Jägerstraße Ecke Goldgrube, entnehmen.

»12. August 1942, 1.15: Fliegeralarm. Um 1.50 beobachten wir eine hellen Feuerschein aus Richtung Rheinbrücke – falsche Einschätzung –. Es war das Zentrum Schusterstraße mit Schwerpunkt Kaufhof.

2.15: Die Feldtelefonleitung ist unterbrochen. Das Städtische Telefon ist allerdings noch in Betrieb.

2.40: 1. Feuerwehr-Fahrzeug rückt aus zum Schillerplatz.

2.45: 2. Fahrzeug fährt Richtung Kaufhof, dieser ist nur auf Umwegen zu erreichen.

Dampfende Gulaschkanonen der NSV am Münsterplatz: Löffel mußten die Ausgebombten mitbringen. Sie waren Mangelware.

Die Mainzer Innenstadt mit der unzerstörten Straßenbrücke. Über der Ludwigstraße hängen noch schwarze Rauchwolken. RAF-Aufnahme vom 16. August 1942.

2.50: 3. Fahrzeug fährt zur Kaiserstraße, Ecke Boppstraße.

2.55: 4. Fahrzeug fährt zum Kaufhof-Stadthaus, kommt nicht durch.

3.35: Der Schlauchwagen fährt zum Flachsmarkt, da in den Hydranten kein Wasser ist. Die Wasserentnahme geschieht aus dem Rhein auf einer langen Wegstrecke.

3.40: 5. Fahrzeug fährt mit verstärkter Gruppe von 12 Mann (sonst 7) zu den Blendax-Werken auf der Ingelheimer Aue. Am Straßenbauamt angekommen ist kein Weiterkommen, da Großbrand. Wir machen einen Umweg und erreichen über die Mozartstraße aus Richtung Kaiserbrücke kommend den Brandherd.

Die Hydranten haben kein Wasser. Wir legen Schlauchleitungen und holen das Wasser aus dem Rhein. Nachdem das Feuer soweit heruntergebrannt ist und für die Groß-Tankanlagen in der Nähe keine Gefahr mehr besteht suchen wir nach einem Telefon. Wir finden es im Luftschutzkeller des Straßenbauamtes: Rückmeldung an die Hauptwache in der Neubrunnenstraße.

4.20: Zurück zur Bereitschaft Jägerstraße. Auf dem Weg von den Blendax-Werken bis zur Gaustraße sehen wir überall Brände: An der Ecke Kaiserstraße Boppstraße stehen 4 Häuser in Flammen, die Eisenbahndirektion brennt, ebenso das Finanzamt, der Schönborner Hof, der Bassenheimer Hof, die Gaststätte ›Andau‹, Gardinen-Ochsenreuther, Sanitätshaus Klarmann, die Deutsche Bank und das Brauhaus ›Täubchen‹.

4.50: Neuer Einsatz am Gouvernement (Osteiner Hof). Die Wasserentnahme geschieht über

Gauleiter Jakob Sprenger während seiner Ansprache zur OB-Wahl vor dem zerstörten Stadthaus in der Stadthausstraße am 3. September 1942.

einen 500er Strang vom Großberg kommend, Schutzmaßnahme, da Bassenheimer Hof, ›Andau‹, Metzgerei Nauth, Pelz-Buchholz vom Acker her in Brand geraten.

Herr Buchholz schleppt Hunderte von Pelzen in die Toreinfahrt des Gouvernement.

Metzger Nauth räumt seinen Laden mit Fleisch und Wurst aus. Jemand stiehlt von einer Stange einen Ring Fleischwurst, was der Metzger gar nicht bemerkt.

Der Inhaber des Antiquitätengeschäfts im Parterre des Bassenheimer Hofes sitzt seelenruhig mit seinem Pudel an der Ladentür, während der Dachstuhl in hellen Flammen steht. Er glaubt das Feuer kommt nicht herunter. Am nächsten Tag war der Laden ausgebrannt samt der Antiquitäten.

Kleiner Brandherd im Dachgebälk des Osteiner Hofes erkannt und abgelöscht.

7.00: Die Stephanskirche beginnt in der Kuppel zu brennen.

8.00: Erneuter Fliegeralarm. Wahrscheinlich Luftaufnahmen. Ende 8.32.

10.55: Die Löschmannschaft ist total erschöpft. Wir können nicht mehr aus den Augen sehen. Der Führer fordert Ablösung an.

12.15: Die Ablösung kommt. Wir essen in einer Wirtschaft auf dem Ballplatz. Die Mahlzeit wurde dorthin gebracht.

13.00: Rückkehr zur Unterkunft.

13.30: Gruppenführer Krieg geht zur Behandlung seiner Augen in das Vincenzkrankenhaus. Mannschaften und Geräte sind von der starken Rauchentwicklung stark mitgenommen.

14.00: Bettruhe. Gruppenführer bittet wegen seiner Augen nur um Nachteinsatz.«

In der darauffolgenden Nacht wurde der Wunsch des Gruppenleiters durch die RAF erfüllt.

Besonders tragisch verliefen die Lösch- und Aufräumungsarbeiten der freiwilligen Feuerwehr aus Hechtsheim in der Mainzer Neustadt am 13. August. Eine einstürzende Hauswand begrub drei Feuerwehrmänner unter sich: die Freiwilligen Heinrich, Schäfer und Schneider.

Sie wurden mit militärischen Ehren und mit dem

Andächtig lauscht der zukünftige NS-OB Ritter (3. v. l.) mit seinen Getreuen den Ansprachen. Man beachte die schmucken Hitlerbärtchen.

üblichen Fahnenzeremoniell von der Nazi-Führung am 16. August 1942 auf dem Hechtsheimer Friedhof beigesetzt. Kreisfeuerwehrführer Werner erwies seinen Kameraden die letzte Ehre.

Nachdem alle Trümmerhaufen ausgeglüht waren, mußten die Offiziere der Mainzer Schutzpolizei Meldungen über ihren Einsatz bei der Brandbekämpfung an das Reichsinnenministerium nach Berlin liefern.

Um die Wiederholung eines solchen Desasters beim nächsten Mal zu verhindern, befahl das Ministerium die Aufstellung von Feuerwehrbereitschaften, die geschlossen zum Einsatz fahren sollten. Vom Polizeipräsidenten persönlich erhielt der Kreisfeuerwehrführer den Löschbefehl. Ein Lotse fuhr dann mit den Löschzügen zum Einsatzort.

Die Kreisfeuerwehr Mainz stellte von nun an zwei Bereitschaften mit insgesamt neun Großlöschfahrzeugen, Reparatur- und Werkstattwagen, Lastwagen sowie einem Gassuchtrupp.

Im Großraum Mainz standen 40 Wehren zur Verfügung, deren Einsatzraum von Bingen bis Mannheim und von Bad Kreuznach bis Frankfurt reichte. Im Fort Stahlberg richtete sich das Bergungskommando unter Leitung von Sprengmeister Ludwig ein. 125 Mann standen ihm zur Seite.

Aufgrund des Ausführungserlasses zum Gesetz des Feuerlöschwesens vom 23. November 1939 gliederte der Staat die Mainzer Berufsfeuerwehr als vierte Sparte in die Ordnungspolizei ein. Sie führte von nun an den Namen »Feuerschutzpolizei« und wurde Bestandteil des Sicherheits- und Hilfsdienstes im Großraum Mainz.

Sieben Offiziere sowie sechsundvierzig Unterführer bildeten das Stammpersonal. Die meist älteren Feuerwehrleute wurden in den ersten Kriegsjahren sogar noch bewaffnet. Wahrscheinlich, um gegen Plünderer in den ausgebrannten Wohnungen vorgehen zu können.

Oberleutnant Glaner, der Leiter der Mainzer Feuerschutzpolizei, konnte innerhalb des Stadtgebietes mit neun freiwilligen Feuerwehren rechnen. Sie sollten ihn bei dem hoffnungslosen Kampf gegen die Feuerbrünste unterstützen.

Einen winzigen Lichtblick in diesen traurigen Tagen des August 1942 brachte für die Mainzer Fliegergeschädigten die Zuteilung von Sonderrationen. Die nationalsozialistische Volksfürsorge (NSV) verteilte pro Fliegergeschädigten zehn Pfund Kartoffeln (zwei Pfund mehr als an andere Bürger), 50 Gramm echten Bohnenkaffee sowie 100 Gramm Süßwaren für die Kleinen und zehn Zigaretten auf die Tagesabschnitte der Raucherkarte.

Mit Feldküchen half die NSV den Ausgebombten. Nur Löffel mußten mitgebracht werden, die waren nämlich knapp. Nach jedem Angriff öffnete die NS-Führung ihre Vorratslager und ließ die notleidende Bevölkerung einen Hauch Friedenszeit schnuppern.

Schon am 28. August 1939 erhielten die Mainzer die ersten Lebensmittelkarten. Niemand ahnte damals, daß das tägliche Leben mehr als zehn Jahre lang, nämlich bis zum 30. April 1950, von den blauen, roten und grauen Kärtchen begleitet werden sollte.

Sie galten meist für eine vierwöchige Zuteilungsperiode und waren für Erwachsene und Kinder verschieden gestaltet.

Der »Normalversorgungsberechtigte« erhielt für eine Woche in der ersten Kriegsperiode folgende Nahrungsmittel: 500 g Fleisch und Fleischwaren, 2400 g Brot und Mehl, 1 ¾ l Milch, 143,75 g Butter, 78,75 g Margarine, 46,25 g Speck/Schmalz, 62,5 g Käse, 250 g Zucker, 100 g Marmelade, 100 g Kaffee-Ersatz, 150 g Nährmittel und 1 Ei. Bei genauer Überprüfung stellte man fest, daß der Bürger im Durchschnitt nur noch die Hälfte verbrauchte im Vergleich zu 1937. Von nun ab galt die Präambel zur Kriegsversorgung vom 4. September 1939, »daß jeder Volksgenosse sich die notwendigen Einschränkungen in der Lebensführung und Lebenshaltung auferlegt«.

Das entsprach einer täglichen Kalorienleistung von 1500 bis 1600. Obwohl man zunächst noch markenfrei Kartoffeln, Obst und Gemüse dazukaufen konnte, verloren die meisten schnell an Gewicht und hatten nach dem Kriege, als es darauf

Die Nazi-Prominenz empfiehlt sich mit einem kräftigen »Sieg Heil« in den Ruinen der Stadthausstraße.

Eine Bf 110 G-4 mit FuG 220 (Lichtensteingerät) und zwei Maschinenkanonen Mk 108 sowie zwei Maschinengewehren MG 151/20 in der Kanzel vor einem Hangar des Fliegerhorstes Mainz-Finthen. Imponierend die Mündungsfeuerdämpfer auf den Maschinenkanonen.

Fliegerhorst-Kommandant Martin Becker (rechts) vom I/NJG 6 vor seinem Fieseler Storch Fi 156 auf der Waldstraße zwischen dem Ober-Olmer Forsthaus und Wackernheim.

ankam, nichts mehr zuzusetzen. Mit einem Gedicht machten sich viele Luft:

> Mündchen halten, Köpfchen senken
> Und nur an den Endsieg denken.
> Komm Robert Ley, sei unser Gast,
> Gib die Hälfte, was du versprochen hast.

> Nicht Pellkartoffeln ohne Hering
> Sondern, was Du ißt (und) lieber Göring.
> Jüppchen (Josef Goebbels) darf davon nichts wissen,
> Sonst werden wir noch mehr beschissen.

> Keine Butter in den Dosen
> Keinen Hintern in den Hosen,
> Auf dem Klo nicht mal Papier,
> Dennoch Führer, wir folgen dir!

Robert Ley war Reichsorganisationsleiter.

Bereits zwei Jahre nach Kriegsbeginn war die Versorgungslage in Mainz schwierig. Obwohl die Bauern manche Sonderlieferung an die NSV tätigten, bildeten sich bei jeder Lebensmittelausgabe bald Käuferschlangen. Manche Artikel des täglichen Bedarfs waren nach Kriegsbeginn aus den Regalen der Geschäfte verschwunden. Gewürze, Kaffee, Tee und Schokolade galten als Kostbarkeiten aus einer vergangenen Zeit.

Selbst bei der Ausgabe von Kartoffeln, wobei jeder Käufer nur zehn Pfund erhielt, bildeten sich schon am 22. August 1941 in Weisenau lange Warteschlangen.

Schon vor Ausbruch des Zweiten Weltkrieges hatte die NS-Führung Probleme mit der Versorgung der Bevölkerung. Nach der Rationierung der Grundnahrungsmittel war sie oft nicht in der Lage, die aufgrund der Karten nötigen Mengen auch tatsächlich zuzuteilen, wie aus einem Geheimbericht des Sicherheitsdienstes der Unterabteilung Wiesbaden vom 20. Juli 1939 hervorgeht:

»Mißstimmung herrscht zur Zeit allenthalben über die starke Verknappung von Butter, Fett und Fleisch. In manchen Orten ist tagelang kein Fleisch, keine Wurst und kein Fett zu erhalten. Die Lieferung von Butter ist sehr oft stark verzögert. Hierdurch herrscht in der schaffenden Bevölkerung starkes Unbehagen. Wenngleich auch beispielsweise Butter knapp ist, so dürfte doch dafür zu sorgen sein, daß die rationierte Menge wenigstens regelmäßig zur Verteilung gelangt. In einem Falle wurde einer Lebensmittelhandlung in Elz 44 Pfund Butter geliefert, die ranzig war, weil sie entweder vom Lieferanten zu lange gelagert war oder sonstige Manipulationen vorgenommen wurden. Dieses müßte unter allen Umständen vermieden werden, um die Bevölkerung nicht unnötig in Aufregung zu bringen.«

Auch untereinander waren sich die Paladine nicht ganz grün. So beschuldigte ein Gestapo-V-Mann den Kreiswirtschaftsberater Heinz Staab, sein Amt zu geschäftlichen Zwecken zu mißbrauchen. »Solche Mißstände«, bemängelte er, »sind dazu angetan, das Vertrauen der Bevölkerung zur Partei und somit auch zum Führer zu beeinträchtigen.«

Unterdessen wurde der Gegner jenseits der Kanalküste immer aktiver. Über die Hintergründe für den massiven Bombenangriff auf Mainz in den heißen Augusttagen des Jahres 1942 erfuhren die Mainzer nichts.

Am 22. Februar 1942 kam es zum Wechsel in der Führungsspitze des Bomber Command in High Wycombe, Buckinghamshire. Arthur Harris löste Air Vice Marshall U.E.A. Baldwin ab. Ein klares Feindbild prägte Denken und Handeln des neuen Chefs der britischen Bomberflotte bis zum Ende des Krieges.

Sein Slogan war: »Machen wir Schluß mit dem Krieg, indem wir den Deutschen die Seele aus dem Leib schlagen.«

Den Worten ließ er sogleich Taten folgen.

Nachdem das Unterhaus seinen Forderungen zugestimmt hatte, stockte er sein Bomber Command mit modernen Halifax- und Lancaster-Maschinen auf tausend Bomber auf und begann damit seine Luftoffensive im Jahre 1943.

Köln, Essen, Augsburg, Bremen und Hamburg mußten die ersten Schläge hinnehmen. Chief Marshall Harris befahl seinen Bomberbesatzungen: »Bombing around the clock«. Was das bedeutete, sollten die Mainzer noch erfahren.

Bis zur Mitte des Jahres 1943 hatten die Briten über Deutschland ebenso viele Bomben abgeworfen wie zuvor deutsche Bomber über England.

Die Geschützbedienung »Berta« besetzt mit Schülern der Gutenbergschule. Am Rohr der schweren 8,8-cm-Flak vier Ringe für Abschußbeteiligungen. Batterie 3/365 Hechstheimer Höhe 1943.

Schüler Danz von der Hermann-Göring-Schule (Gymnasium am Kurfürstlichen Schloß) beim Geschützreinigen an der »Russenflak« in der Batterie 241/VII in Mombach, Suderstraße, 1944.

Die Batterie 3/322 auf der Erbenheimer Höhe 1944. Es sind ebenfalls russische Beutegeschütze.

Marsch der Flakhelfer der Gutenbergschule (Frauenlobgymnasium) durch die Laubenheimer Weinberge zur Flakstellung 3/365 in Hechtsheim im Frühjahr 1943.

Luftwaffenhelfer am Kommandogerät 42 der Batterie 5/322 am alten Daubhaus in Hochheim.

Doch dies war wenig, verglichen mit dem Bombenhagel, der nun einsetzte und bei dem die Engländer Deutschland unter Tausenden von Tonnen Brand-, Spreng- und Phosphorbomben begruben.

In Harris hatte Reichsluftmarschall Göring einen Gegenspieler, dessen Charakter dem seinen in bezug auf Brutalität und Menschenverachtung glich.

Die ersten erfolgreichen Bombenangriffe der Engländer während des Jahres 1942 spielte die Nazi-Propaganda herunter. So kam das erste Großbombardement auf Mainz im August 1942 für die Zivilbevölkerung praktisch ohne Vorbereitung.

Die in den beiden Augustnächten abgeworfenen Bomben, insgesamt 572,8 Tonnen, waren für Mainz erst der Anfang. Der Untergang, das langsame Sterben der Stadt, sollte noch drei lange, schwere Jahre dauern.

Doch zunächst kehrte in den folgenden Monaten eine trügerische Ruhe ein. Nur überfliegende Verbände mit Richtung zur Reichsmitte lösten die schon gewohnten Nachtalarme aus und störten die Nachtruhe.

Was die Mainzer nicht wußten: Chief Marshall Harris bastelte an seinem Plan der Eintausend-Bomber-Angriffe. Nur etwa 250 bis 400 Maschinen waren damals startklar.

Bei einer Verlustrate von durchschnittlich 5 Prozent der angreifenden Maschinen waren die Verluste zwar hoch, aber nicht so groß, daß er seine Angriffe einstellen mußte. Zumal er von seinen alliierten Freunden, den Amerikanern, spürbare Hilfe erhielt.

Seit Mitte Juli 1942 baute General A. Spaatz den eigens für Europa gegründeten Bomberverband der 8. USAAF auf. Ohne Wissen der deutschen Bevölkerung braute sich auf Englands Luftbasen etwas zusammen, das vielen deutschen Städten, insbesondere dem Goldenen Mainz, die achtzigprozentige Vernichtung bescheren sollte.

Zunächst jedoch hielten sich die Alliierten an andere Objekte.

Insbesondere die amerikanische Strategie verfolgte einen wirkungsvolleren Weg. Mit massiven Tag- und Nachtangriffen sollte die Großdeutsche Kriegsindustrie ausgeschaltet werden. Bevorzugte Objekte stellten die Flugzeugwerke in Augsburg und Dessau, die Kugellagerindustrie mit dem Schwerpunkt in Schweinfurth sowie die Hydrierwerke in Leuna und die Gummireifenwerke in Hannover dar.

Dieser Vorgehensweise und der Tatsache, daß erfahrene Flugzeugbesatzungen und moderne Bomber nicht unbegrenzt zur Verfügung standen, verdankte Mainz zunächst einmal eine Verschnaufpause. Die Aufräumungsmannschaften konnten 1942 noch aus dem Vollen schöpfen. Mit Elan gingen sie an die Arbeit. Die Naziführung nutzte die Zeit, um die Straßen von Trümmern zu räumen, mit viel Prominenz ihren neuen Oberbürgermeister Ritter am 3. September 1942 zu küren und ein bescheidenes Wiederaufbauprogramm anzukurbeln. Für mehr als zwei Monate standen der Verwaltung 500 Soldaten mit zwei Baggern und 70 Lastwagen zur Verfügung.

Ein getarnter und zurückgelassener Bf 110 Nachtjäger in einer Waldschneise an der Ober-Olmer Forststraße 1945.

Für beschädigte und einzeln stehende zerstörte Häuser stellten die Beschaffungsstellen Baumaterial bereit sowie vornehmlich russische Kriegsgefangene als billige Arbeitskräfte. Französische Kriegsgefangene wurden vom Stalag Limburg aus nach Mainz in Marsch gesetzt.

In den Trümmern richtete sich die Bevölkerung, die zurückgeblieben war, so gut wie möglich ein. Für viele jedoch begann schon 1942 die Evakuierung in das Mainzer Umland oder in noch weiter entfernt liegende Räume. Viele sollten Mainz erst Jahre nach Kriegsende – einige sogar nie mehr – wiedersehen.

Während die Stadt in der folgenden Zeit von schweren Bombenangriffen unbehelligt blieb, traf es um so schwerer die Städte Hamburg, Essen, Köln, Duisburg, Düsseldorf, Nürnberg und natürlich die Reichshauptstadt Berlin. In Mainz konnten vorerst noch – nach Abzug der Soldaten – mit zwei Baggern und zwölf Lastwagen 250000 cbm Schutt beseitigt werden.

Vier Tage vor Weihnachten, am 20. Dezember 1943, luden erneut die Staffeln des »Bomber Command« ihre tödliche Last über Mainz ab. Hauptsächlich die Rheinfront sowie Weisenau und den Großberg traf es schwer.

Viele, die obdachlos geworden waren, erlebten ein trauriges Weihnachtsfest. Der mit 650 Maschinen geflogene Angriff hatte eigentlich Frankfurt gegolten. Irrtümlich schwenkten einige Maschinen nach Mainz und bombardierten die Stadt; es waren 22 Tote zu beklagen. In der folgenden Zeit blieb es wieder ruhig, denn die Alliierten hatten ein allzu großes Gebiet in Europa mit ihren Bomberflotten zu »bedienen«, so daß für Flächenangriffe auf das momentan strategisch unbedeutende Mainz kein Verband zur Verfügung stand.

Doch dies sollte sich ändern. Am 22. März 1944 wurde der Erbenheimer Flughafen von der 8. USAAF angegriffen, um die dort stationierten deutschen Jäger des Jagdgeschwaders 300 auszuschalten. Nach der erfolgreichen Invasion der Alliierten am 6. Juni 1944 in der Normandie überschlugen sich die Ereignisse.

Zusammen mit den Engländern verstärkte die 8. USAAF das Bombardement auch während des Tages auf die Städte des deutschen Reiches. Abgeschirmt durch einen starken Begleitschutz flogen die Bomber ungehindert in das Reich. Gegen Mittag zeigten sich die Kondensstreifen der Bomberstaffeln am Mainzer Himmel. In dieser Zeit gab es für das Stadtgebiet fast immer gegen 11.00 Uhr morgens »Luftwarnung«. Diese wurde ausgelöst, wenn ein größerer feindlicher Kampfverband die Reichsgrenze überflogen hatte. Tausend Maschinen zählten oft die Verbände.

Den »fliegenden Festungen« (Flying Fortresses), der Boing B-17 G und den Consolidated Liberator B-24 Bombern, konnte kein ernsthafter Widerstand entgegengesetzt werden, da ein allgegenwärtiger Jagdschutz die Verbände abschirmte und die deutsche Flakabwehr zu feuerschwach war.

Am 8. September 1944 war Mainz wieder Ziel eines großen Angriffs. Die am 29. August aufgenommenen Luftbilder von amerikanischen Beobachtungsflugzeugen zeigten dem strategischen Bomberkommando das noch nicht von Bomben zerstörte Wehrmachtsdepot in Mainz-Kastel sowie die intakten MAN-Werke in Gustavsburg. 334 B-17 und B-24 Bomber mit fast der gleichen Anzahl Mustangs als Begleitschutz griffen Kastel, Gustavsburg und Mainz an.

Bei diesem Angriff wurden auch die Wohngebiete der Neustadt schwer getroffen. Schon einen Tag später erschienen wiederum 235 Bomber der 8. USAAF zu einem erneuten Angriff über Mainz. Angriffsziele waren diesmal der Hauptbahnhof mit seinen ausgedehnten Gleisanlagen, nochmals Kastel und der Flughafen von Erbenheim, wo auch 38 deutsche Jagdflugzeuge des JG 300 am Boden zerstört wurden.

Von diesem Tag an ließ die 8. USAAF Mainz nicht mehr zur Ruhe kommen. Am 13. September erschienen erneut 30 fliegende Festungen über Mainz und luden ihre Bomben ab.

Am 21. September flogen 141 B-17 Bomber einen Angriff auf den Hauptbahnhof.

Die Ingelheimer Aue, die Mainzer Kraftwerke, Gonsenheim und die Mainzer Innenstadt wurden am 27. September von 171 fliegenden Festungen und B-24 Bombern mit Bomben belegt.

Am 9. Oktober waren es 210 amerikanische Flugzeuge, die ihre Bomben um die Bahnhofsanlagen herum verteilten. Zehn Tage später kam das endgültige »Aus« für Kastel. 330 Bomber er-

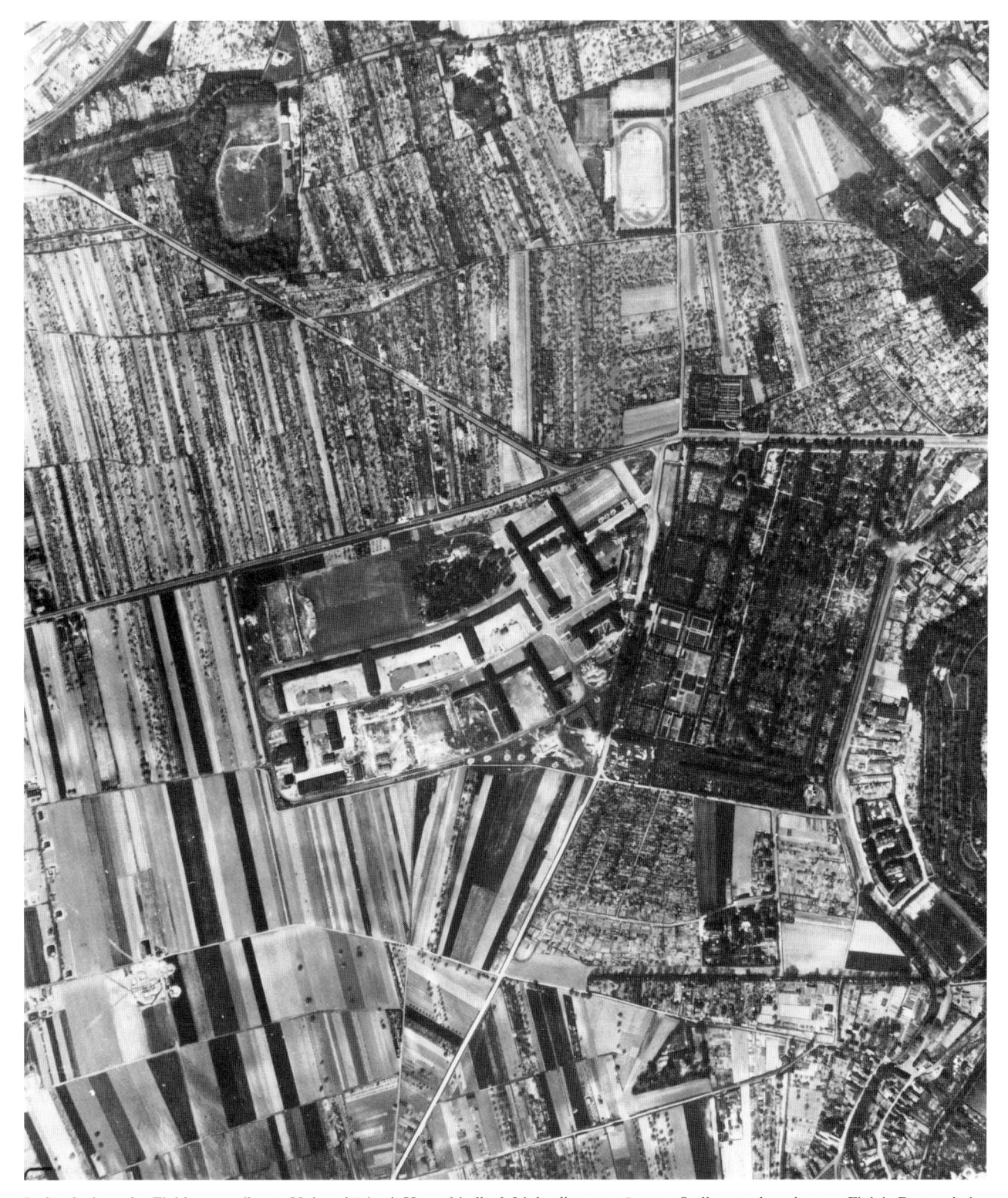

Luftaufnahme der Flakkaserne (heute Universität) mit Hauptfriedhof. Links die ausgeräumten Stellungen der schweren Flak in Bretzenheim 2/365 am 24. April 1944. Die Geschütze sind aus den Stellungen herausgezogen, um eingeschossen zu werden.

schienen mit vollem Begleitschutz, luden zunächst ihre Sprengbomben ab und zündeten dann die rauchenden Trümmer mit Tausenden von Phosphorstabbrandbomben an.

Am 4. Dezember bombardierten 223 B-17 und B-24 Bomber das Mainzer Stadtgebiet und den Stadtteil Weisenau.

Und kurz vor Weihnachten, am 18. Dezember, warfen noch einmal 157 Bomber ihre tödliche Fracht über Mainz ab.

Am 30. Dezember flog ein Großverband entlang des Rheines und bombardierte vornehmlich Brücken und Bahnanlagen an den Ufern. Dabei trafen die Bomben die Gleisanlagen zu beiden Sei-

Aufräumungsarbeiten in der Kostheimer Siedlung nach dem 8. September 1944. Viel gibt es hier nicht mehr zu retten.

ten der Rheinbrücken sowie den großen Verschiebebahnhof in Bischofsheim. An diesem Angriff der 8. USAAF nahmen insgesamt 556 Maschinen teil, 69 Maschinen aus diesem Verband bombardierten Mainz.

Als das Jahr 1944 endlich zu Ende ging, hatten über 7000 Tonnen Bomben das Stadtgebiet von Mainz weitgehend in eine Kraterlandschaft verwandelt. Die »Honigwabenstruktur« der Innenstadt nahm immer größere Ausmaße an. Nur noch die ausgebrannten Ruinenmauern ragten zum Himmel empor. Immer mehr Sprengbomben füllten die Bombenschächte der alliierten Bomber. Brandbomben dienten meist noch als »Beigaben«.

Das Sterben der Stadt sollte aber auch im Jahre 1945 weitergehen. Am 13. Januar waren es wiederum 200 fliegende Festungen, die den Mainzer Hauptbahnhof, Gustavsburg und die Kaiserbrücke mit Bombenteppichen belegten. Am 1./2. Februar griff die RAF erneut mit 321 Maschinen an. Die meisten Bomben verfehlten ihr Ziel. Eine Variante in der Angriffstechnik boten englische Bomber am 7. Februar, als in den Abendstunden zwischen 21.41 und 21.49 Uhr 16 Mosquitos die Stadt im Tiefflug bombardierten. Eine Maschine wurde von der Flak abgeschossen. Doch der schlimmste Angriff stand den Mainzern noch bevor.

Im Herbst 1944 hatten die Sowjets die Vernichtungslager Treblinka und Sobibor im Generalgouvernement Polen überrannt. Nun wußten die Alliierten Bescheid über die Verbrechen und Greueltaten, welche die Nazis an den Juden, Polen und anderen Völkern verübt hatten.

So entstand in den letzten Kriegsmonaten die Auffassung von der Kollektivschuld aller Deutschen, und jeder Deutsche galt aus der Sicht der Sieger als Nazi, gleich, ob Schüler oder Greis.

Mit dieser Auffassung rechtfertigten die Alliierten die Flächen- und Brandangriffe ihrer Bomberflotten.

Chief Marshall Harris schonte die Zivilbevölkerung nicht. Nach dem Kriege betonte er nochmals: »Es muß gesagt werden, daß wir niemals eine besondere Industrie als Ziel gewählt haben. Die Zer-

Das brennende Kastel. Im Vordergrund die rauchende Feuerwehrschule. Aufgenommen von einem PK-Mann am 9. September 1944.

störung von Industrieanlagen erschien uns stets als eine Art Sonderprämie. Unser eigentliches Ziel war immer die Innenstadt.« Doch offensichtlich wurde dies nicht als Bruch des Völkerrechts angesehen. Das eingestandene Verbrechen gegen die Zivilbevölkerung blieb ungesühnt.

Für die noch in den Städten verbliebene Bevölkerung war es völlig unverständlich, was es für die Bomberflotten in diesen Trümmerhaufen noch an lohnenden Zielen geben sollte. Aber wer den Großdeutschen Rundfunk hörte und im Laufe der sechs schrecklichen Kriegsjahre gelernt hatte, Reaktionen des Gegners vorauszusagen, der wußte, was Mainz bevorstand, als Goebbels großsprecherisch im Rundfunk verkündete: »30000 bis 35000 Mann frisch ausgerüsteter deutscher Soldaten stehen vor dem Brückenkopf Mainz und werden hier die Wellen der Angreifer brechen.«

Er gab damit den letzten Anstoß für die Zerstörung von Mainz, wenn auch die Strategie für das Flächenbombardement bei dem Chief Commander schon seit Jahren festlag.

Auf der politischen Bühne von England mußte sich gerade zu dieser Zeit Churchill vor dem Unterhaus wegen seiner Vernichtungsschlacht gegen die Zivilbevölkerung Deutschlands und den mörderischen Angriff auf Dresden vom 13. Februar 1945 rechtfertigen.

Er schob die Verantwortung in seinem »Dresdenmemorandum« dem Stabschef der RAF, Air Chief Marshall Portal, zu: »Mir scheint der Augenblick gekommen, in dem man die Frage überprüfen muß, ob deutsche Städte nur deshalb bombardiert werden sollen, um den Terror zu verstärken, auch wenn für die Angriffe andere Vorwände gegeben werden. Die Vernichtung von Dresden stellt ernsthafte Fragen über die Durchführung des alliierten Bombenkrieges. Ich halte eine stärkere Konzentration der Angriffe auf militärische Objekte wie Öl und Verkehrsmittel gleich hinter den Fronten für notwendiger, statt daß wir Terror und zügellose Zerstörung verbreiten, so eindrucksvoll dies auch immer sein mag.«

Doch in diesem Falle setzte sich der Stabschef

der RAF durch und zwang Churchill, das Memorandum zurückzuziehen.

In der regierungsamtlichen Verlautbarung, am 14. Februar 1945 über BBC ausgestrahlt, wurde zugegeben, daß man einen »Bombenangriff auf Dresden geführt« habe, den man »den Russen in Jalta versprochen« hatte.

Die prahlerischen Drohungen des Reichspropagandaministers in bezug auf die Festung Mainz kamen für Arthur Harris gerade zum richtigen Zeitpunkt: ihm war zwar bewußt, daß Goebbels nur bluffte, aber er nutzte die Gelegenheit, das Interesse der Öffentlichkeit von Dresden abzulenken und gab den Einsatzbefehl an zwei komplette Luftflotten seiner Air Force, womit er ein Inferno auslöste, wie es Mainz in seiner fast zweitausendjährigen Geschichte noch nicht erlebt hatte.

Gegen zwölf Uhr mittags, am 27. Februar 1945, gab die Luftwarnzentrale für Mainz Vollalarm wegen eines überfliegenden Bomberverbandes der 8. USA Air Force. Die Luftwarnung dauerte bis gegen 16 Uhr. Erst dann konnte Entwarnung gegeben werden.

Gegen 16.20 Uhr gab es erneut Vollalarm. Noch während des Sirenengeheuls krachten die ersten Detonationen der Luftminen. Von der Luftwarnung zu spät bemerkt, hatte sich ein Bomberverband der RAF über Mainz geschoben. 311 Halifaxes, 131 Lancasters und 16 schnelle Mosquito-Bomber warfen innerhalb von 22 Minuten 922,6 Tonnen Spreng- und Brandbomben über dem Stadtgebiet von Mainz ab. Sie lösten einen Feuersturm aus, der in einem Umkreis von über 50 km zu sehen war. Mit dieser Aufwurftonnage fielen bei einem einzigen Angriff auf Mainz fast ein Neuntel aller Bomben, die während des gesamten Krieges innerhalb von sechs Jahren über Mainz abgeworfen worden waren. Von den 458 gestarteten Bombern erreichten 435 Mainz als befohlenes Ziel bei völlig bedecktem Himmel.

Die Mainzer Flak schoß während des Angriffs einen Halifax-Bomber und einen Mosquito-Jäger ab. Ein Lancaster-Bomber galt als vermißt.

Nach Luftaufnahmen vom 11. März 1945, 12.30 Uhr, erging an das Bomber Command unter der Nummer 70 folgender zusammenfassende Bericht über die Zerstörung von Mainz: »Aufklärung nach RAF-Angriffen, bei denen 922,6 Tonnen Bomben am 27. Februar 1945 mit Halifaxes, Lancasters und Mosquito-Bombern bei 10/10 Bewölkung abgeworfen wurden, zeigt, daß der größte Teil der Stadt als Ergebnis dieses und früherer Angriffe zerstört wurde.

Im Zielgebiet wurden schwer beschädigt bzw. zerstört: Verwaltungs- und öffentliche Gebäude, einschließlich der Gebietsverwaltung der Staatlichen Eisenbahn, Rathaus, Feuer- und Polizeistation, das Gerichtsgebäude, das Straßenbauamt sowie die Hauptpost, das Schloßmuseum. Alle wurden schwer zerstört, einige eingeebnet. Militärische Einrichtungen wurden in großem Umfang schwer beschädigt. Zu den beschädigten zivilen Einrichtungen gehörten das Straßenbahndepot, der Schlachthof und das Gaswerk.

Im Norden des Flusses, in Kastel, wurden vereinzelte Schäden angerichtet. Es waren die Getreidesilos und die Docks von Gustavsburg.

Der bedeutendste Schaden in diesem Gebiet war der Zusammenbruch des südlichsten Brückenbogens der dreibögigen Brücke über dem Main, die Bischofsheim mit Kastel verband.«

Vor der englischen und amerikanischen Öffentlichkeit versuchten die Verantwortlichen in London und Washington ihre Angriffe damit zu rechtfertigen, daß strategische Ziele bombardiert worden seien.

Die strategische Bedeutung von Mainz wird in dem offiziellen Bulletin Nr. 17700 des Luftfahrtministeriums der US-Streitkräfte zu dem RAF-Angriff des Royal Bomber Commands vom 27. Februar 1945 besonders herausgestellt.

»Spät am Nachmittag griff wiederum das RAF Bomber Command in die Schlacht an der Westfront ein. Eine große Anzahl von Halifaxes und Lancasters, befehligt vom Bomber Command, startete den ersten großen Flächenangriff bei Tage in diesem Jahr. Sie bombardierten den bekannten Eisenbahnknotenpunkt von Mainz am linken Ufer des Rheines. Die Bomber wurden begleitet von Mustangjägern des RAF Fighter Commands.

Bei Tag und Nacht eilen Truppen und Versorgungszüge zum Kampfraum durch Mainz. Die Stadt besitzt unschätzbare Transportmöglichkeiten. Sie hat zwei große Binnenhäfen, und bedeutende Eisenbahnlinien treffen sich hier. Es ist eine

Löscharbeiten in den Chemischen Werken Albert am 19. September 1944 nach einem Luftangriff der 8. USAAF.

Dicke Rauchschwaden ziehen am 19. September 1944 über Amöneburg nach dem Tagesangriff der 8. USAAF. Bei Kriegsende war das Werk völlig zerstört.

Linie nördlich des Maines und die südliche Linie, die sich hier treffen und über die Rhein- und Mainbrücke führen. Außerdem befindet sich ein sehr ausgedehnter Verschiebebahnhof an diesem Platz, wo 3200 Waggons pro Tag umgeschlagen werden können.

Die exponierte Lage dieses Zentrums unterstützt den Feind an allen Fronten und liefert ihm Material und Truppen.

Der Angriff wurde gelenkt von einer Pfadfindergruppe und kontrolliert durch einen Master Bomber.«

Tatsächlich verfügte das strategische Oberkommando in Washington über genaue Lagebeschreibungen und Luftaufnahmen der Mainzer Brücken, jedoch waren diese die einzigen Objekte der Stadt Mainz, die völlig unbeschädigt blieben mit Ausnahme der Südbrücke, die nach dem Angriff vom 27. Februar 1945 nur noch eingleisig befahren werden konnte.

Von der totalen Zerstörung der Wohngebiete und dem Tod von Zivilpersonen, vornehmlich wehrlosen Frauen und Kindern, sprechen der Bericht und die ergänzenden Erklärungen des alliierten Oberkommandos bis zum April 1945 mit keinem einzigen Wort.

Die Bilanz des Schreckens!

Beim Angriff am 27. Februar warfen die Engländer 215 Luftminen und 1900 Sprengbomben ab. Davon waren 22 Blindgänger oder sogenannte Ausbläser, bei denen die Pulverladung wie eine Raketenzündung nach hinten verpuffte, ohne zu explodieren.

50 000 Stabbrandbomben, 200 Flammstrahlbomben und 235 Flüssigbomben verwandelten den Rest von Mainz in ein Flammenmeer.

In diesem Inferno starben wahrscheinlich 423 Mainzer, 344 wurden vermißt und 4000 trugen Verletzungen davon, an deren Folgen Ungezählte verstarben.

Man schätzt die Zahl der Todesopfer insgesamt auf 1200 bei dieser Bombenorgie der RAF. Allein auf dem Waldfriedhof in Mombach wurden 646 Todesopfer dieses Angriffes beigesetzt.

Mainz beklagte während der ganzen Kriegsjahre insgesamt 2482 Bombenopfer.

Die beiden bis jetzt unveröffentlichten Berichte widerlegen eindeutig die Legende von den 1000 Bombern, die am 27. Februar 1945 Mainz in Schutt und Asche gelegt haben sollen.

Es handelte sich um 435 englische Bomber, die sich aus vier Bombergruppen des RAF Bomber Command zusammensetzten und deren Begleitschutz aus zwei Jagddivisionen von Mustang-Jägern des Fighter Commandos gebildet wurden.

Glaubhafte Zeugen, die vom rechten Rheinufer aus 900 Maschinen gezählt haben wollen, haben mit der Angabe ihrer Zahl durchaus recht, nur addierten sie infolge der Aufregung und wahrscheinlich wegen der ungenauen Beobachtungsmöglichkeiten bei bedecktem Himmel die Bomber zu den Jagdflugzeugen, und die eilfertige Lokalpresse leitete daraus einen Tausend-Bomber-Angriff ab. Diesen gab es nie.

Dies ändert aber nichts an der Tatsache, daß diese um 100 Prozent geschmälerte Armada den größten Vernichtungsschlag gegen Mainz ausführte, der über 1200 Menschen das Leben kostete.

Nach dieser »erfolgreichen« totalen Bombardierung von Mainz konnte das Bomber Command die Stadt endgültig von seiner Zielliste streichen. Dies bedeutete aber noch lange nicht, daß der noch schwelende Trümmerhaufen, ehemals eine der stolzesten Städte am Mittelrhein, nicht weiterhin das Ziel von tieffliegenden Marauder- und Mosquito-Flugzeugen blieb.

Der offizielle Bericht über die Zerstörung von Mainz, veröffentlicht vom strategischen Luftkommando der alliierten Streitkräfte in London, gibt für Mainz zwischen dem 11. und 12. August 1942 und dem 27. Februar 1945 vier Großangriffe auf das Stadtgebiet an. Bei diesen Angriffen warfen die RAF-Bomber 3295 Tonnen Bomben ab.

Den Zerstörungsgrad des Stadtgebietes gibt der offizielle Bericht mit 61 Prozent an. Dieser Wert ist gegenüber den Schätzungen der amtlichen Mainzer Stellen zu niedrig: Nach deutscher Darstellung wurde Mainz zu 85 Prozent zerstört. Ob die Vororte von Mainz in dieser Bilanz berücksichtigt waren, kann leider nicht mehr geklärt werden.

Von 40 181 Wohnungen vor dem Kriege waren noch 18 557 übrig und teilweise schwer beschädigt. 33 000 Bewohner wurden obdachlos. Nur 2710 Wohnungen galten als unzerstört; das waren ganze 5,7 Prozent des gesamten Wohnvolumens vor dem Kriege.

Bombenkrater auf dem freien Feld südlich der Ketteler-Siedlung in Weisenau. Im Vordergrund gut sichtbar der von den Nazis angelegte Thingplatz – heute Volkspark. Luftaufnahme der 8. USAAF vom 14. Februar 1945.

1939 standen auf dem Mainzer Stadtgebiet 11000 Gebäude. 6300 blieben 1945 noch übrig. Die Wohnungseinheiten schrumpften von 40181 auf 18500 zusammen. Von 166000 Räumen blieben nur 66000 bewohnbar. Dieser Bilanz bleibt nichts mehr hinzuzufügen.

Die Zahlen sprechen eine klare und erschütternde Sprache.

3. Bombenalltag

Nach den verheerenden Bombenschäden fragt man sich zu Recht, ob eine ganze Stadt wehrlos mehr als sechs Jahre lang diesem Luftterror ausgesetzt werden durfte.

Die braunen Machthaber unternahmen schon vor Beginn des Zweiten Weltkrieges die größten Anstrengungen, um die Bevölkerung mehr mit Worten als mit Taten zu schützen. An Luftschutzübungen mit Löschversuchen, an harmlos flakkernden Brandsätzen fehlte es nicht. Die beiden großangelegten Luftschutzübungen am 2. September des Jahres 1937 lobte der »Mainzer Anzeiger« als gauamtliches Sprachrohr in den höchsten Tönen. Trotzdem wurde Mainz Luftnotgebiet.

Gleich zu Beginn des Zweiten Weltkrieges übernahm die 21. Flak-Division die Sicherung des Rhein-Main-Gebietes gegen einfliegende Bomberverbände. Rund um Mainz entstanden die Stellungen der schweren Flak. Die zunächst aus vier 8,8-cm-Geschützen bestehenden Batterien übernahmen den Schutz von Mainz. Diese Batterien hatten die Codenummern 31 bis 34. In unregelmäßigen Abständen bekamen die vier Batterien noch Verstärkung durch jeweils zwei 10,5-cm-Eisenbahngeschütze auf Nebengleisen in Uhlerborn und in Weisenau. Ausgebildete Flaksoldaten, die aus der neuerbauten Flakartillerieschule an der Saarstraße direkt zu den Stellungen kamen, bedienten die Geschütze. Für einen konzentriert angreifenden Gegner war jedoch die Feuerkraft dieser maximal zwanzig Rohre der fünf Flakbatterien um Mainz zu gering.

Als im Jahre 1943 die deutsche Front im Osten und Süden immer mehr unter massiven Druck der Alliierten geriet, erhielten die Flaksoldaten an den Mainzer Geschützen ihren Fronteinsatzbefehl. Wären die meisten Flakgeschütze nicht auf Betonsockeln betoniert gewesen, so hätten sie schon im Jahre 1943 samt ihren Bedienungsmannschaften den Weg zur Front angetreten, um in der Panzerbekämpfung eingesetzt zu werden.

Als Ersatz für die an die Front abgezogenen Flaksoldaten war die noch begeisterungsfähige Jugend der Mainzer Gymnasien vorgesehen.

Auf sie warteten die 8,8-cm-Geschütze in den Stellungen von Hechtsheim, Bretzenheim, Mombach, Hochheim, Schierstein und Bierstadt. Die Schüler der Gutenbergschule besetzten die Stellungen in Hechtsheim und in Bretzenheim, von der Hermann-Göring-Schule (vormals Oberrealschule am Kurfürstlichen Schloß) kamen die Bedienungen für die Stellungen in Mombach und Schierstein.

Am 15. Februar des Jahres 1943 schlug die große Stunde für die Mainzer Gymnasiasten. Die letzte Aufgabe der ausgebildeten Flaksoldaten bestand darin, ihre Nachfolger, 15- und 16jährige Sekundaner, als Luftwaffenhelfer im Richten, Laden und Abfeuern der schweren Geschütze zu unterweisen. Russische Hilfswillige (»Hiwis«), die sich, um nicht zu verhungern, bei der Wehrmacht verpflichtet hatten, schleppten die 18,5 kg schweren 8,8-cm-Granaten heran.

Voller Eifer widmeten sich die Gymnasiasten ihrem neuen Lehrstoff, und nach kurzer Zeit waren sie ihren Ausbildern ebenbürtig. Es war nicht ihre Schuld, daß die kriegerischen Ereignisse dann über sie hinwegrollten.

Die einfliegenden Kampfverbände erreichten im Jahre 1943 eine Höhe von 23000 bis 28000 Fuß. Das waren 7000 bis 8500 Meter Flughöhe. Die Flakgeschütze schossen aber nur ein gezieltes Feuer bis zu 6500 Metern. Es handelte sich um 8,8 cm/36-Modelle und um 7,5 cm russische Beuteflak mit auf 8,8 cm aufgebohrten Rohren. Moderne 8,8 cm/41-Modelle gab es in Mainz nicht.

Obwohl die Batterien der Abteilungen 3/365 auf der Hechtsheimer Höhe, die Mombacher Heimatflak 241/VII, die Flak in Bretzenheim 2/365, die Flak auf der Erbenheimer Höhe 3/322 und die Hochheimer Flakbatterie 5/322 von vier auf sechs Rohre verstärkt wurden, verbesserte dies nicht die

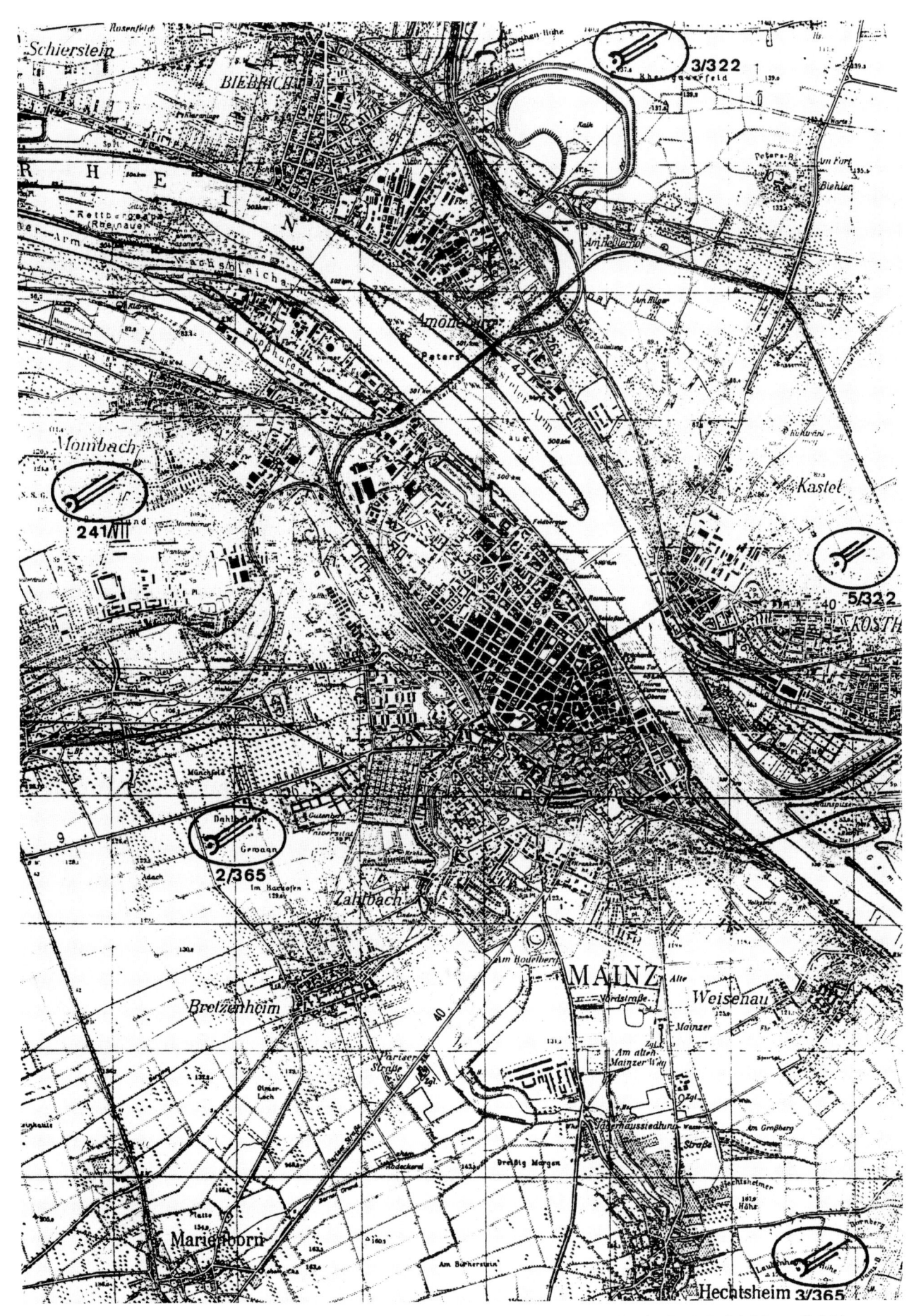

Die Stellungen der schweren Flakbatterien um Mainz. Die meist nach alliierten Angriffen eintreffende Eisenbahnflak fuhr, so die Meinung von Eingeweihten, dem Bomberstrom hinterher. Dazu zählte auch die Batterie 2/535 in Weisenau, die am 1./2. Februar 1945 schwer getroffen wurde.

Kampfkraft der Geschütze, zumal diese nicht die neuesten Modelle waren. Die Abschußquoten sanken im Durchschnitt auf 0,6 Prozent. Das waren bei einem Großkampfverband von 500 Bombern und 500 Begleitjägern gerade ganze sechs Maschinen, die die Flugabwehr abschoß. Um überhaupt noch eine Wirkung zu erzielen und die Bevölkerung mit dem Bellen der schweren Geschütze zu beruhigen, schoß jede Batterie in die Verbände sogenanntes Sperrfeuer. Wegen der großen Höhe konnte jedoch eine Batterie mit fast senkrecht stehenden Geschützrohren in einen anfliegenden Verband höchstens zwei Schuß abgeben, dann waren die Bomber auch schon über sie hinweg:

Die Mainzer Flak schoß für jeden anfliegenden Verband einen kräftigen Salut.

Ein weiteres schweres Hindernis bedeutete der Ausfall der Funkmeßgeräte, die von den vorausfliegenden sogenannten Pfadfinderverbänden durch Abwurf von 9 cm langen Aluminiumstreifen gestört wurden, sogenannten »Windows«, von der Bevölkerung Lametta genannt.

Im weiteren Verlauf der kriegerischen Ereignisse griffen die Begleitjäger aus den Bomberverbänden heraus die Flakstellungen im Tiefflug an und versuchten, dort die Geschütze zum Schweigen zu bringen.

Trotzdem versahen die Schüler pflichtbewußt ihren schweren Dienst an den Geschützen. Viele waren sogar mit Begeisterung dabei.

Nach dem Kriege errechneten Statistiker aus dem Munitionsverbrauch der schweren Flak und der bestätigten Abschüsse die Bedeutung der damaligen Flugabwehr.

Um einen Bomber zu zerstören, verfeuerte die Flugabwehr 3343 8,8-cm-Granaten. Jedes Geschoß kostete 80 Reichsmark in der Herstellung. Das ergab für einen einzigen abgeschossenen Bomber einen Betrag von 267 440 Reichsmark. Finanziell lohnte sich der Aufwand trotzdem: Jeder Bomber besaß einen Wert von 400 000 Reichsmark. Menschen zählten nicht.

Zwischen den einzelnen Batterien herrschte eine große Rivalität um die Beteiligung an Abschüssen.

Oft hatte die Wiesbaden-Bierstädter Batterie 6/322 bei der Zuerkennung von Abschußbeteiligungen die Nase vorn. Ihr sprach das Luftwaffenkommando XII die meisten Abschußbeteiligungen zu – da hier viele Söhne von Generälen und hohen Offizieren dienten, munkelten die anderen Luftwaffenhelfer: Probleme der Jugend 1943.

Als nach dem 27. Februar 1945 die alliierte Front von Westen her immer näher rückte, zog die Wehrmacht die mobilen Geschütze von der Mombacher Flakstellung 241/VII ins Ruhrgebiet zur eventuellen Panzerabwehr ab. Zurück blieben auf der linken Rheinseite nur noch die einbetonierten Geschütze der Bretzenheimer und Hechtsheimer Flak.

Das »Aus« für diese Geschütze kam am 20. März 1945. Die Mannschaften erhielten ihren Absetzbefehl. Zuvor sprengten sie die Geschütze und zerstörten die Funkmeßgeräte. Die gesprengten Rohre ragten wie aufgeplatzte Bananenschalen zum Himmel. Auf der rechten Rheinseite feuerten die drei noch verbliebenen Flakbatterien gegen die anrückenden Amerikaner. Bei der Vernichtung der letzten schwimmfähigen Schiffe und Freibäder im Winterhafen spielte die Hochheimer Batterie noch eine unrühmliche Rolle, als sie diese in Brand schoß.

Nach dem erfolgreichen Übersetzen der Amerikaner am 28. März 1945 gingen die Mannschaften der 8,8-cm-Batterien ohne Gegenwehr auf der rechten Rheinseite in Gefangenschaft.

Vom 1939 erbauten Fliegerhorst Mainz-Finthen starteten bis zum Kriegsende die Maschinen der verschiedenen Nacht-Jagdgeschwader trotz der großen Opfer gegen die einfliegenden Verbände. Über Mainz spielten sich während der Angriffsnächte wilde Abwehrschlachten zwischen den Abfangjägern der Geschwader I/JG 53 »PikAs«, IV/NJG 5, II/NJG 4, II/NJG 2, I/NJG 6 und den Bombern der RAF ab. Den größten Erfolg dieses tödlichen Ringens erzielte der Kommandeur des I/Nachtjagdgeschwaders 6, Oberleutnant Martin Becker, in der Nacht zum 31. März 1944, zu einer Zeit, als der Krieg für Deutschland schon verloren war. In dieser Nacht starteten 795 Halifax- und Lancaster-Bomber gegen Nürnberg. Noch einmal nahm die deutsche Nachtjagdabwehr alle verfügbaren Maschinen zusammen und sammelte über dem Rhein-Main-Gebiet 246 Nachtjäger.

Das Bomber Command schickte entgegen sei-

Die Bombenteppiche rund um die Gleisanlagen des Mainzer Bahnhofes verschonten weitgehend die Waggonfabrik in Mombach und gänzlich das Panzerausbesserungswerk an der Bahnlinie Mainz-Alzey. Am oberen Bildrand rechts die Stellung der schweren Heimatflak nahe der Suderstraße. 8. USAAF-Aufnahme vom 14. Februar 1945.

nen üblichen Gepflogenheiten in dieser sternklaren Nacht den ganzen Bomberstrom über Hunderte von Kilometern im Geradeausflug direkt zum Zielort.

Dabei passierten sie genau die Funkfeuer »Otto« im Raum Hanau und »Ida« bei Münstereifel. An den Ausstrahlungen der H2S-Geräte war der anfliegende Verband mit seinen 795 Maschinen vom deutschen Funkhorchdienst schon an der deutschen Reichsgrenze geortet worden. Die Engländer entfesselten den üblichen Aufruhr im Äther und störten mit Lärm, Schreien und Hitler-Reden den Funksprechverkehr der Nachtjäger. Aber in Wartestellung um die Funkfeuer lauerten alle verfügbaren Maschinen der deutschen Nachtjagd. Den Funkleitstellen gelang es, fast alle Abfangjäger in den Bomberstrom einzuschleusen. Eine Bombergruppe des deutschen Kampfgeschwaders 7 griff ebenfalls in das Unternehmen ein, indem sie den alliierten Bomberstrom überstieg und aus großer Höhe Fallschirmleuchtbomben in den Bomberstrom warf.

Damit wiesen sie allen anfliegenden Nachtjägern den Weg. Am Nachthimmel entwickelte sich ein Schauspiel, das von der Bevölkerung gebannt verfolgt wurde. Trotz Fliegeralarms liefen die Menschen auf die Straßen und besahen sich den von Osten anfliegenden Bomberverband. Der Überflug der Bomber dauerte über eine Stunde. Schon als die ersten Maschinen von ihrem Angriff über Nürnberg zurückkehrten, flogen immer noch Nachzügler des Bomberverbandes in das Reichsgebiet. Vom Boden aus konnte man in großer Höhe viele Leuchtspurstreifen sehen, aber kein Maschinengewehrfeuer hören, da die vielen Motoren das Geknatter der Bordgeschütze übertönten. Ab und zu sah man jedoch eine Maschine ausscheren und, einen feuerroten Schweif hinter sich herziehend, zur Erde rasen.

Die Einflugs- und Rückflugsschneise des Bomberverbands wurden im Laufe der Nacht durch die Glut der Aufschlagstellen und der sich ausbreitenden Brände markiert.

Das Bomber Command verlor in dieser einzigen Nacht nach eigenen Berichten 95 Maschinen und nach deutschen Berichten 101, nach englischen Berichten waren 71 viermotorige Maschinen so stark beschädigt, daß sie noch bei der Landung zu Bruch gingen. Oberleutnant Becker, der vom Fliegerhorst Finthen startete, schoß mit seiner Me 110 aus dem Bomberverband sechs Bomber heraus. Zum Auftanken kehrte er nach Mitternacht zum Fliegerhorst zurück, startete erneut und schoß über Luxemburg aus dem zurückfliegenden Verband einen weiteren Bomber heraus.

Dies stellte eine schwere Niederlage für Chief Marshall Harris dar. Da das britische Bomber Command im Gegensatz zum deutschen Oberkommando einem Parlament verantwortlich war und sich dort vor einem Ausschuß rechtfertigen mußte wegen der hohen Verluste, war das Kommando gezwungen, seine Nachtangriffe auf Deutschland vorerst einzustellen. Nicht der Verlust von fast 200 Maschinen war der Grund, sondern der Tod von über 700 Fliegern. Jeder Halifax-Bomber hatte sieben Mann Besatzung.

Immerhin galt das eigene Menschenleben bei den Briten noch etwas.

Der unerschrockene Einsatz der deutschen Nachtjäger, bei dem das Finther Nachtjagdgeschwader unter Kommandant Becker einen maßgeblichen Erfolg hatte, bescherte der Mainzer Bevölkerung im Kriegsjahr 1944 noch einige ruhige Nächte. Dafür wurden aber verstärkt Tagangriffe von der 8. USAAF geflogen, und die deutsche Abwehr hatte diesen nichts entgegenzusetzen.

Bis zum Kriegsende flogen noch die verschiedenen Nachtjagdgeschwader ihre hoffnungslosen und verlustreichen Angriffe gegen die nächtlichen Bomberströme. Die deutsche Führung konnte sich wegen des chronisch zunehmenden Treibstoffmangels keine weiteren konzentrierten Angriffe leisten. Trotzdem waren die Abschußerfolge der bewaffneten Me 110- und Ju 188-Jagdflugzeuge enorm. Durch die Verbesserung von Oberfeldwebel Mahles »schräger Musik« konnten die Jagdmaschinen die schweren Bomber aus dem toten Winkel heraus unter Feuer nehmen. Die Maschinenkanonen waren mit einem Winkel von 72° nach oben geneigt.

Als die Amerikaner schon in Mainz einmarschiert waren, schossen die Flakabwehr im Reich und die verschiedenen Jägerstaffeln, zum Großteil bei Nachteinsätzen, noch 1458 alliierte Maschinen ab. Trotz dieses ungeheuren Aderlasses an Menschen und Material schlugen die Bomberströme unbeirrt ihre Todesschneisen durch Deutschland.

Für den Fliegerhorst Mainz-Finthen war der 2. Februar 1945 ein schwerer Tag. Gegen Abend griff ein starker Kampfverband der 8. USAAF den Flugplatz und die Kasernen von Finthen an. Der Tower sowie der Hangar und die Kasernen gingen in Flammen auf. Dem II. Nachtjagdgeschwader 2 blieb eine völlige Vernichtung zwar erspart, da die Maschinen weitab vom Rollfeld in den Seitenschneisen der Forststraße von Ober-Olm und Wackernheim eingestellt waren. Dort standen einige Maschinen noch nach dem Einmarsch der Amerikaner.

Schnelle Hilfe für die notleidende Bevölkerung

Mit seiner gesamten Habe im Korb übersteigt ein Feuerlöschpolizist die Trümmer in der Schusterstraße. Im Hintergrund die Silhouette des Doms.

nach den Angriffen leisteten die verschiedenen Organisationen des Luftschutzdienstes, in erster Linie die Feuerschutzpolizei, die in den letzten Kriegsjahren trotz Überalterung des Personals große Leistungen vollbrachte. Sie bestand im Mainzer Stadtgebiet nur aus 53 Offizieren und Mannschaften und hatte die Hauptlast der Löscharbeiten zu leisten. An ihrer Seite standen die Einheiten der Luftschutzpolizei mit immerhin 321 Führern und Unterführern. Dazu kamen noch spezielle Einheiten der Wehrmacht, des RAD und des Bombensuchkommandos Ludwig.

Im Laufe des Krieges eigneten sich die Wehrmänner immer mehr Routine an. Diese half ihnen jedoch wenig bei der Bekämpfung der Brände, denn durch die weitere Zerstörung des Mainzer Versorgungsnetzes ging ihnen das Löschwasser aus. Nach jedem Großangriff mußten zuerst kilometerlange Schlauchleitungen vom Rhein zur Stadt gelegt werden. Mitunter ließen die Wehren diese Leitungen für den nächsten Angriff auf den Straßen liegen. Das Wasser, das mit unzähligen Motorpumpen aus dem Rhein gefördert wurde, kam meistens nicht bis zum Brandherd, denn die Schläuche waren infolge der vielen Kleinbrände der Phosphorbrandbomben und der Millionen Glassplitter auf den Straßen in einem erbarmungswürdigen Zustand. Aus einer einzigen Schlauchleitung vom Rhein bis zum Einsatzort sprudelten Hunderte von kleinen Wasserfontänen. An diesen füllten die Anwohner ihre Eimer mit Wasser, um dann selbst kleinere Brände zu löschen.

Nur die Wehrmacht besaß einige Tanklöschfahrzeuge, die sie am Rhein auffüllte und dann an den Brandherden zum Einsatz brachte.

Neun Löschteiche entstanden im Jahre 1944, z. B. in der Grünanlage in der Kaiserstraße und vor dem städtischen Krankenhaus.

Nach den bitteren Erfahrungen des ersten Schlagabtausches in den Augusttagen des Jahres 1942 hatten die verantwortlichen Stellen sich der alten Forts und Festungsanlagen von Mainz erinnert. Begünstigt durch die geographische Lage des Stadtgebietes auf den Rhein- und Mainterrassen, besaß Mainz zahlreiche Unterschlupfmöglichkeiten.

Ohne größere Schachtungsarbeiten konnten die tiefliegenden Kasematten als natürliche Luftschutzbunker hergerichtet werden. Man brauchte sie nur mit Eisentüren und Schleusen auszustatten und erreichte damit eine optimale Schutzwirkung.

Außer den Forts Stahlberg, Joseph, Philipp, Karl, Weisenau, Marienborn, Heiligkreuz und der Zitadelle öffnete man noch die Keller der Aktienbrauerei und der Sektkellerei Kupferberg unter der Mathildenterrasse. Die beiden letztgenannten Bunker boten den in der Innenstadt arbeitenden Menschen eine sichere Zuflucht.

Diese beiden Bunker, die über zweitausend Menschen aufnehmen konnten, blieben während des Angriffes am 27. Februar 1945 fast leer. Die zu spät einsetzende Luftwarnung war daran Schuld. Obwohl viele Bunker während des Zweiten Weltkrieges mehrere Treffer erhalten hatten, hielten sich die Verluste in den Bunkern bei der Zivilbevölkerung in Grenzen. Es dürfte sich um etwa 50 Tote während des gesamten Krieges handeln.

Mainz besaß nur einen einzigen Hochbunker mit etwa zweitausend Plätzen auf dem Gelände des Güterbahnhofes. Wegen seiner augenfälligen Form vermuteten die Bewohner, daß er als bevorzugtes Angriffsziel der Alliierten dienen könnte. Er war als Zufluchtsort wenig beliebt, nur die Bediensteten der Reichsbahn suchten ihn notgedrungen auf. Beim letzten großen Angriff detonierte eine schwere Bombe auf der Kuppel. Der Betonklotz wankte, aber er blieb stehen. Kein einziger Insasse kam ums Leben, trotz einsetzender Panik. Nach dem Kriege sprengte die französische Besatzungsmacht die Kuppel des Bunkers, um ihn unbrauchbar zu machen. Die Ruine stand als Mahnmal einer schlimmen Zeit auf dem Gelände des Güterbahnhofes, bis zum Februar 1984.

Als Todesfallen erwiesen sich die 1944 gebauten Splittergräben. Ungetarnt konnten die angreifenden Maschinen sie ausmachen. Unter den Treffern der schweren Bomben stürzten ganze Grabensysteme zusammen, beispielsweise am Goetheplatz.

Für alle Mainzer, die am 27. Februar 1945 keinen der sicheren Unterstände erreichen konnten, tat sich während des Angriffs die Hölle auf. Eine Fülle von Einzelschicksalen und die ganzer Kellergemeinschaften sowie das von 41 Schwestern des Klosters der ewigen Anbetung erfüllte sich in diesen 22 Minuten des Untergangs.

Die vom ganzen Gau eingesetzten Rettungs-

Die Mailandgasse, links Rotekopfgasse Nr. 3, nach dem 27. Februar 1945. Alles Leben war erloschen. Heute eine beliebte Fußgängerzone zum Brandzentrum. US-Signal-Corps-Aufnahme vom 22. März 1945.

So zeigt sich das Industriegebiet auf der Ingelheimer Aue am 31. Mai 1945. Blick von den Trümmern des Gasometers nach Südosten.

mannschaften konnten in diesem Glutofen der brennenden Stadt nichts mehr retten. Vom Rheinufer mußten sie tatenlos zusehen, wie vor ihren Augen die phosphorisierten Menschen verbrannten. Auch die Mainzer Feuerschutzpolizei, die von ihrem Standort in der Neubrunnenstraße inmitten der Stadt gegen Ende des Angriffs sofort ausrückte, raste noch in die niedergehenden Bomben. Dabei fanden der Hauptwachtmeister der Feuerschutzpolizei Gewald sowie der Oberfeuerwehrmann Ries den Tod.

Aber nicht nur die offiziellen Wehren waren zum Schutz der Bevölkerung aufgerufen, sondern jeder Bürger sollte seinen Beitrag zur Sicherung von Hab und Gut leisten. Ein Flugblatt aus dieser Zeit warnt: »Volksgenosse, sieh dich vor! Bei Terrorangriffen kommt es auf jeden an!« Es rief noch einmal die notwendigen Luftschutzmaßnahmen in Erinnerung, die für den einzelnen wichtig waren, wie Auslagerung von Hausrat, Bestandsaufnahme der verbliebenen Einrichtungsgegenstände, Zusammenstellung des Luftschutzgepäcks, zu dem Wäsche, Verpflegung, Eßgeschirre und -bestecke, Vermögensverzeichnis, Wertpapiere, Versicherungsscheine, Urkunden, wichtige Ausweise, Lebensmittel- und Kleiderkarten, Wertsachen und Bargeld gehörten.

Ebenfalls wies dieses Flugblatt noch einmal die Volksgenossen, die zur Luftschutzbereitschaft ständig präsent sein sollten, auf ihre Pflichten hin, zu denen die Entrümpelung der Häuser ebenso zählten wie Verdunkelung und Bereithaltung der Ausrüstung zur Brandbekämpfung so Luftschutzhandspritzen, Einreißhaken, Feuerpatschen, Wasserbehälter, Schaufeln, Äxte und Beile sowie Löschsand und Löschwasser.

Welchen Erfolg die Bevölkerung mit solchen Hilfsmitteln bei der Bekämpfung des Infernos vom 27. Februar 1945 erzielte, kann man an der traurigen Bilanz dieses Tages ablesen. Aber die Verdummungsversuche an der allerdings jetzt nicht mehr gutgläubigen Mainzer Bevölkerung wurde konsequent über Rundfunk und Gau-Presse und gelegentlich durch Flugblatt-Aktionen bis zum bitteren Ende fortgesetzt. Nur – man durfte seinen Mißmut nicht lautwerden lassen, denn der allgegenwärtige Reichssicherheitsdienst war noch immer aktiv.

Der hochgeschleuderte Schutt aus Riesenkratern deckt die Lokomotiven auf dem Gelände des Hauptbahnhofs zu.

Die zerstörten Anlagen der Mainzer Kraftwerke am 31. Mai 1945.

Ein alltägliches Bild im Bombenkrieg. Die Bewohner des Linsenberges tragen ihren geretteten Hausrat zusammen. Viel ist es nicht.

Beim letzten Großangriff auf Mainz blieb der Hauptbahnhof mit seinen umfangreichen Gleisanlagen im Rauch der rundum einschlagenden Bomben – trotz schwerer Treffer – zum Teil betriebsbereit, nur für ganz kurze Zeit stockte der Verkehr.

Unmittelbar nach dem Angriff gingen die Arbeitskommandos der Reichsbahn, denen zahlreiche Kriegsgefangene und Zivilarbeiter aus den Reichsbahnlagern Gonsenheim und Rheingauwall zugeteilt waren, ans Werk, und einen Tag später fuhren wieder die ersten Züge durch Mainz.

Erschwerend wirkte sich bei den Aufräumungsarbeiten die explodierende Munition aus einem Güterzug aus, der nicht mehr rechtzeitig vor dem Angriff in einen der beiden Tunnels gezogen werden konnte, in denen sich die Mainzer Reichsbahn sicher fühlte.

Mit den drei mächtigen Brücken zählten die – wenn auch schwer beschädigten – Gleisanlagen zu den wenigen Einrichtungen von Mainz, die den Feuersturm einigermaßen unbeschadet überstanden. Ihre Zerstörung sollte erst durch die eigene Wehrmacht erfolgen. Vorerst aber rollten noch – bis drei Tage vor dem Einmarsch der Amerikaner – die Räder für den Sieg.

Trotz schwierigster Umstände, bedingt durch die ständig zunehmenden Tieffliegerangriffe, die den Transport von Massengütern, hauptsächlich der dringend benötigten Kohle, auf dem Rhein praktisch zum Erliegen brachte, setzte das Reichsverkehrsministerium am 9. Dezember 1944 zwei große Personendampfer ein. Mit diesen Schiffen wollte die Reichspost wieder die Nord-Süd-Verbindung zwischen Mainz und Köln herstellen.

Mit Flak-Schutz an Bord befuhren die Dampfer bei Tageslicht die Strecke Köln – Mainz. Die Reichspost wollte damit das Nadelöhr von Koblenz umgehen, wo die alliierten Bomberflotten ständig das Gleisnetz wegen der rollenden Wehrmachttransporte erfolgreich bombardierten.

Am ersten Tag der Reise bedienten die Dampfer die Orte Porz, Bonn, Bad Godesberg, Königswinter, Honnef, Unkel, Remagen, Linz, Niederbreisig, Brohl, Andernach, Neuwied und Koblenz. Am zweiten Tag liefen sie die Orte Niederlahnstein, Oberlahnstein, Rhens, Braubach, Bop-

Die Post zeigte sich flexibel. Außer Postdampfern setzte sie, wie hier vor dem »Telehaus«, ein fahrbares Postamt ein.

pard, Kamp-Bornhofen, St. Goarshausen, St. Goar, Oberwesel, Kaub, Bacharach, Lorch, Niederheimbach, Assmannshausen, Bingen, Rüdesheim, Geisenheim, Ingelheim, Oestrich, Hattenheim, Eltville, Niederwalluf, Wiesbaden-Biebrich und Mainz an. Am nächsten Tag ging die Reise wieder zu Tal. Über Ausfälle oder Angriffe liegen leider keine Angaben vor.

Die Post wurde an Bord der Schiffe sortiert. Auch Pakete beförderten die Schiffe, und zwar solche des Nahverkehrs und des Fernverkehrs. Dieser Postverkehr funktionierte zumindest bis zum Februar des Jahres 1945. Von diesem Zeitpunkt an verbot das Kriegsministerium den Verkehr von D-Zügen und die Versendung von Paketen sowie Briefen. Es durften nur noch sogenannte Kurzbriefe und Feldpostbriefe verschickt werden. Damit dürfte auch die Aufgabe der Postdampfer als beendet angesehen werden.

Nach dem letzten großen Paukenschlag der RAF auf Mainz setzte für die überlebende Bevölkerung die große Abwanderung ein.

Der Verlust von 21 624 Wohnungen, von insgesamt 40 181 Wohneinheiten und die zusammengebrochene Versorgung mit Gas, Strom und Wasser machten den Mainzern den Abschied nicht allzu schwer.

Meist zu Fuß, mit Handkarren oder Kinderwagen, zog ein Elendsstrom in alle Richtungen davon. Unter sie mischte sich auch der Mainzer Bischof Albert Stohr. Er suchte bei einer Familie in Engelstadt nahe Ingelheim Unterschlupf. Gewarnt wurde er von zwei »Untergetauchten«. Der Gauleiter wolle ihn beim Herannahen der Front ins Reich deportieren.

Unter den Flüchtenden suchten sich die alliierten Tiefflieger ihre Opfer.

An einen Wiederaufbau war gar nicht zu denken. Selbst die Aufräumungsarbeiten gestalteten sich äußerst schwierig. Transportmittel fehlten überall. Der Wasserweg fiel aus, da Kippnachen fehlten und keine Schlepper beizubringen waren. Auch die Straßenbahn konnte nicht eingesetzt werden, da geeignete Transportwagen fehlten. Es blieben nur die Lastkraftwagen und die Loren übrig. Aus Treibstoffmangel mußte der Abtransport

Ruinenmeer Mainz nach dem Angriff vom 27. Februar 1945. Nur die Karmeliterschule, das Gerichtsgebäude und ein Teil des Schlosses, das Proviantamt in der Schillerstraße und das »Telehaus« am Münsterplatz blieben beschädigt übrig. Drei Tage nach dem Angriff steht noch eine Rauchsäule über dem Gebiet Große Langgasse, Insel und Steingasse. Die Straßenbrücke ist unbeschädigt. Aufnahme 8. USAAF/2. 3. 1945.

mit den Lastkraftwagen nach kurzer Zeit aufgegeben werden. Auf dem Brand entstand ein Schuttgebirge. Wie bei der Schutträumung von 1942 standen auch jetzt nur ganze zwei Bagger für die unübersehbare Schuttmenge zur Verfügung. Bis zum Einmarsch der Amerikaner lagen noch überall in den Trümmern und Straßen die Toten, denn die Arbeit auf dem Friedhof ruhte. Angehörige schafften auf Handkarren ihre toten Familienmitglieder zu den Friedhöfen und begruben sie selbst.

4. Eine tausendjährige Hydra haucht aus

Während hauptamtliche Parteifunktionäre in den Trümmern von Mainz noch versuchten, der Bevölkerung wider besseres Wissen den Endsieggedanken schmackhaft zu machen, bahnte sich an der Mosel das Ende ihrer Regentschaft an.

Schon im Dezember 1944 hatte das SHAEF, das Oberkommando der alliierten Streitkräfte unter General Eisenhower, die Eroberung des deutschen Reiches, bis hin zur Einnahme von Berlin, beschlossen. Um diesen letzten entscheidenden Schlag durchzuführen, ließ Dwight D. Eisenhower eine Unmenge von Material und Soldaten nach Europa bringen. Jede Woche landete eine frische Division aus den USA im Hafen von Antwerpen. Das deutsche Heer dagegen war ausgeblutet.

Ratlos und wie gelähmt starrte das Oberkommando zum Westwall und erwartete dort den großen Angriff.

Als Feldmarschall Kesselring, unter strengster Geheimhaltung, am 11. März 1945 das Oberkommando West übernahm und den alternden Rundstedt im Auftrage des Führers ablöste, änderte er nichts mehr an der aussichtslosen Situation des Westheeres.

Kesselring, einem getreuen Vasallen Hitlers, unterstanden zwar noch 55 Divisionen, die sich auf vier Armeen verteilten. Diese stellten jedoch nach sechs zermürbenden Kriegsjahren nur noch einen Torso dar.

Der letzte verzweifelte Versuch des Oberkommandos der Wehrmacht, in einer Großoffensive in den Ardennen die Alliierten zurückzuschlagen, kostete 70000 jungen Soldaten das Leben und scheiterte am 20. Dezember 1944 endgültig.

Die ungeheuren Material- und Menschenverluste waren nicht mehr zu ersetzten. Die deutsche Armeeführung konnte die Verschnaufpause, die ihr die Alliierten bis zu ihrer letzten Offensive im Frühjahr 1945 gönnten, nicht mehr zur Auffrischung ihrer Armee nützen.

Ganze Einheiten der verbliebenen Division bestanden aus Magenkranken, die von Landsern anderer Divisionen abfällig als »Weißbrotkompanien« abgestempelt wurden. Bei der Luftwaffe verzeichnete das deutsche Oberkommando totale Fehlanzeige. Fast jede Kampfgruppe, die zum Einsatz kam, bestand aus einem Konglomerat von Landesschützen, Pioniereinheiten, Feuerschutzpolizisten und Genesenden; dazu war noch ab und zu eine SS-Kampftruppe eingestreut.

In diesem schwer durchschaubaren Wirrwarr von Kampfeinheiten lag aber auch gleichzeitig die Unberechenbarkeit der Kampfstärke dieser Verbände.

Ebenso abenteuerlich wie der Mannschaftsbestand im Frühjahr 1945, war auch die Bewaffnung: Panzerfäuste mit einer wirkungsvollen Treffsicherheit von ca. 200 Metern, sogenannte Volkskarabiner ohne Holzschaft, Einzellader aus Beutebeständen, Stielhandgranaten, das wirkungsvolle MG 42 ohne genügende Munition, 2-cm-Flakgeschütze und die einbetonierten 8,8-cm-Flakgeschütze.

Das waren die Verteidigungswaffen des letzten Aufgebots. Ebenso hätten sie die Angreifer mit Steinen bewerfen können. Die einzige Wunderwaffe, wie Generalfeldmarschall Kesselring sich bezeichnete, war er selbst. Ihm war zwar seine aussichtslose Situation bewußt, aber den jungen unerfahrenen Soldaten des Jahres 1945 teilte er dies nie mit.

Er gehörte zu den Generälen, die sich nach dem 20. Juli 1944 völlig ihrem »Führer« verschrieben hatten. Jetzt, in den letzten Tagen des Krieges, wollten sie mit ihm zusammen noch Götterdämmerung spielen. Zu dieser Gruppe zählte auch der Rüstungsminister Speer, der seinen alliierten Richtern nach dem Kriege allerdings als sogenannter Kronzeuge des Nazi-Reiches fragwürdig berichtete, er habe Hitler umbringen wollen.

Nur im kleinen Kreise, wenn die Generäle unter sich waren, blieben sie ehrlich.

In Groß-Gerau, wo das OB West zeitweise sein Hauptquartier hatte, blickte man voller Sorgen auf die alten, halbfertigen Westwallbunker an der deutschen Reichsgrenze. Sie sollten die alliierten Panzerkolonnen aufhalten. Dafür hatte man junge Soldaten praktisch mit bloßen Händen zur Front geschickt.

Das Ende aber bahnte sich nördlich davon, an der Mosel, an. Dort begann der ungestüme General Patton mit seiner 3. Armee den Angriff, der alles, was man bisher von seiten der Amerikaner erlebt hatte, in den Schatten stellte. In der großangelegten Operation »Undertone« hatte sein XII. Corps weitgehend den Raum nördlich der Mosel, bis zum Rhein hin, glatt überrollt.

Am 1. März fiel schon Trier, und am 9. März besetzten die Amerikaner Andernach am Rhein.

An mehreren Stellen, nahe den Orten Hatzenport, Treis, Bullay, Karden und Moselkern, setzte die 3. Armee über die Mosel. Ohne Umschweife und voller Elan griffen sie beherzt die schwachen deutschen Stellungen an, überrannten ganze Bereitstellungen, besetzten Kirchberg, Simmern und standen am 16. März schon an der Nahe bei Bretzenheim.

Am 15. März schlug General Patch mit seiner 7. Armee entlang des Westwalls gegen die 1. Deutsche Armee los. Zu dieser Zeit stand aber Patton mit seiner 3. Armee tief in der Nordflanke, die deckende 7. Deutsche Armee befand sich in chaotischer Auflösung.

Ganze Armeekorps wie das LIII. (Graf v. Rothkirch), LXXXV. (General der Infanterie Kniess) das LXXXII. (General Hahn) und das XIII. (Graf v. Oriola) verschwanden einfach in den Wäldern des Hunsrücks und des Pfälzer Berglandes.

Die Treibjagd zum Rhein hatte begonnen. Es schien, als wollten alle US-Divisionen gleichzeitig am Rhein stehen. Das Oberkommando der amerikanischen Streitkräfte überließ, im Gegensatz zur verkrusteten starren Führung der deutschen Einheiten, seinen Armeeführern und ihren Divisionskommandeuren weitgehende Entscheidungsfreiheit. Diese nutzten sie geschickt aus. Erleichtert wurde ihre Aufgabe durch ihre Air Force, die bei Tag und Nacht einsatzbereit war und alle deutschen Widerstandsnester zerbombte.

Am 18. März kapitulierte Koblenz, und einen Tag später fiel Bad Kreuznach durch die 4. US-Panzerdivision (Hoge).

Mit Erstaunen und Entsetzen stellte Generalfeldmarschall Kesselring in seinem Hauptquartier bei Ziegenberg/Hessen fest:

»Ich, der ich die Amerikaner aus Italien kenne, hätte ihnen niemals so viel Schneid zugetraut.«

Damit hatte er, den die Amerikaner »Smiling Albert« nannten, die militärische Lage richtig eingeschätzt. Der General, der ihm soviel Sorgen bereitete, war eben dieser brillante General Patton, der den Afrika- und Italienfeldzug sowie die Invasion in der Normandie schon mitgemacht hatte und der sich durch Stabsstreitigkeiten während der Kämpfe in den Ardennen und der Eifel nicht voll entfalten konnte.

Nun zeigte er den Deutschen, was in ihm steckte, und die 7. Deutsche Armee blieb dabei auf der Strecke. Einen Tag vor der Einnahme von Bad Kreuznach gab er seiner invasionserprobten 90. Infanteriedivision unter General Earnest den Befehl, Mainz zu erobern. Am 22. März 1945 standen seine Soldaten schon am Fischtor.

Fortan sprachen die Presse und der Armeebericht der Amerikaner nur noch von der »Dritten«.

Alle Divisionen des VIII, XII und XX. Korps der 3. US-Armee kamen nach dem Zusammenbruch der Moselfront schnell voran. Schon am Abend des 18. März 1945 stand die 4. US-Panzerdivision in Wolfsheim, mitten in Rheinhessen. Zunächst sollte diese Panzerdivision nach dem Willen General Pattons zusammen mit der 90. Infanteriedivision Mainz erobern. Die aufmerksame Luftaufklärung erkannte jedoch die schwachen deutschen Abwehrkräfte. Patton ließ die 4. Panzerdivision nach Süden schwenken und zweigte die 90. Infanteriedivision alleine für die Einnahme von Mainz ab, was auch mehr als genügte.

Zwischen Volxheim und Wöllstein stellte sich am Morgen des 18. März den Amerikanern die verspätet eingetroffene 667. und 280. Sturmartillerie-Brigaden z. b. V. mit 40 neuen Sturmgeschützen P IV entgegen. Nach einem verlustreichen Gefecht, in dem Volxheim schwer getroffen wurde, zogen sich die deutschen Kampfeinheiten in Richtung Worms zurück. Die meisten Sturmgeschütze mußten wegen Treibstoffmangels gesprengt werden. Drei erreichten den Rhein.

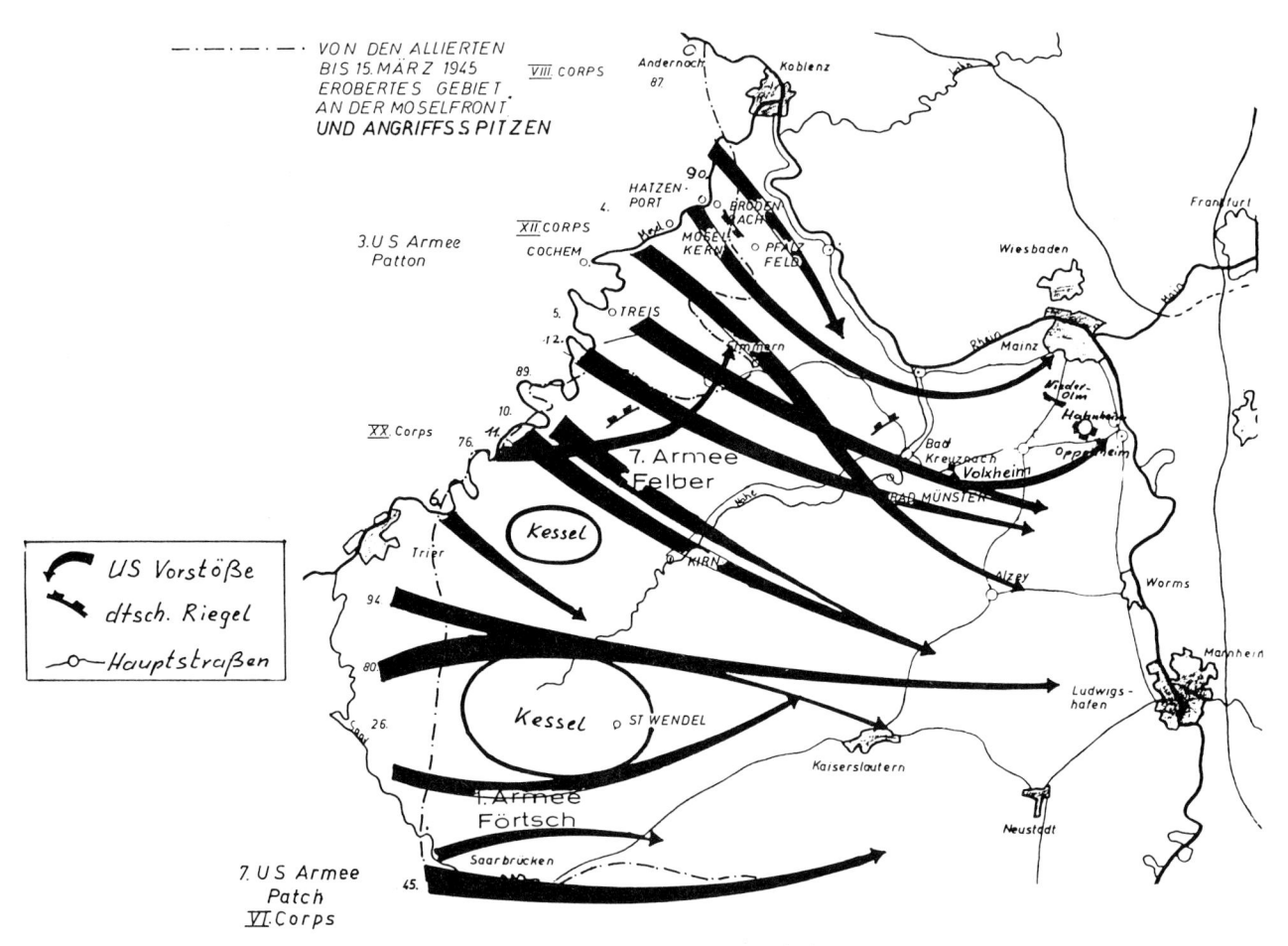

Mit der Operation »Undertone« eroberten die Amerikaner das Mosel-Rhein-Saar-Dreieck.

Bei Bretzenheim, nahe Bad Kreuznach, setzte die gesamte 90. US-Division am 19. März 1945 über die Nahe und marschierte auf Mainz zu. Am gleichen Abend stand sie auf dem Wisberg, nahe Gau-Bickelheim. Eine Panzerpatrouille fühlte gegen Nieder-Olm vor. Die dort in Stellung gegangenen Flakzüge 4/363 und 4/362 schossen mit ihren 8,8-cm-Geschützen vor dem Ortseingang zwei Sherman-Panzer ab. Daraufhin zogen sich die Amerikaner Richtung Nieder-Saulheim wieder zurück und schickten den deutschen Verteidigern ihre allgegenwärtige Luftwaffe, die 9. US Air Force. Nach einem heftigen Bombardement der Ausfallstraßen und der Bahnhofsanlagen setzten sich die Deutschen, nach der eigenen Sprengung ihrer Geschütze und der meisten Fahrzeuge, auf wenigen Lastwagen in Richtung Ebersheim und Zornheim ab. Damit endete auch die kurze Stabstätigkeit der 7. Armee in Nieder-Olm.

Nach einem abenteuerlichen Naheübergang in der Nacht zum 17. März fand der Chef des Stabes, Oberst Rudolf-Christoph Freiherr von Gersdorff, seinen Stab in Nieder-Olm wieder. Im Postamt richtete er seinen Befehlsstand ein, um mittels der noch intakten Telefonleitung die Verbindung zu den zurückweichenden Truppen herzustellen.

Um Mitternacht, in der Nacht zum 18. März, erschien der neue Oberbefehlshaber West, Feldmarschall Albert Kesselring. Nach dem katastrophalen Lagebericht des Chefs des Stabes der 7. Armee unterbrach ihn der OB West mit dem Hinweis, alle Deserteure am nächsten Baum aufzuhängen. Bei der Fahrt durch das ganze rückwärtige Armeegebiet habe er keinen einzigen Erhängten gesehen. Daraufhin verließ er den Stab mit dem Befehl, in Zukunft seine Anordnungen besser zu befolgen.

Opfer dieser Anordnung war der Gefreite Karl Walter Gutmann, der sich hatte ergeben wollen und dafür erschossen wurde. Von wem blieb bis heute unklar.

Am folgenden Tag erreichte der amerikanische Aufmarsch in Rheinhessen seinen Höhepunkt. Die 90. Division besetzte mit ihrem 358. Regiment am linken Flügel, dem 359. Regiment in der Mitte und der Panzerkampftruppe Spiess auf dem rech-

Aus deutscher Gefangenschaft befreite GIs zeigen einem Reporter im 28. Feldlazarett in Mainz wie sie mit Holzlöffeln aus Stahlhelmen ihre Suppe aßen.

ten Flügel die Linie Wackernheim – Ober-Olmer Wald – Ebersheim – Mommenheim und Selzen. In Rheinhessen standen 300 amerikanische Panzer bereit, jeden Widerstand niederzuwalzen. Auf der Essenheimer Höhe gingen 15,5-cm-»Long-Tom-Geschütze« in Stellung und belegten die Innenstadt von Mainz mit heftigem Artilleriefeuer.

Durch das rasche Vordringen der 90. Division auf Mainz konnte die 5. US-Division, die als Korps-Reserve zurückgehalten werden sollte, auf die Linie Gau-Odernheim – Spiesheim – Wörrstadt vorrücken.

Im Süden marschierte die 4. US-Panzerdivision nach der Einnahme von Alzey in den Morgenstunden des 19. März 1945 bis an die Stadtgrenze von Worms. Die 11. Division kam bis auf vier Kilometer an den Rhein bei Rhein-Dürkheim heran. Unterwegs nahm sie bei Pfeddersheim die Reste des 12. Jäger-Regiments der zurückweichenden 6. SS-Gebirgs-Jäger-Division gefangen.

Entlang der Autobahn stieß das XX. Corps mit seiner 12., 80., 89., und 94. Division durch die Pfalz über Kaiserslautern und Grünstadt vor.

Die Panzerspitzen der Kampftruppe Norton erreichten nördlich von Mannheim am 20. März 1945 den Rhein.

Noch schwiegen nicht alle Waffen in Rheinhessen. Eine gemischte, kampfstarke Flakeinheit, aus dem Elsaß kommend, hatte schon einige Tage vor dem Zusammenbruch der 7. Armee in Hahnheim Stellung bezogen. Zunächst versuchten sie, in Ebersheim in Stellung zu gehen. Bauern stellten ihr letztes Benzin zur Verfügung, und so wechselten sie nach Hahnheim: Glück für die Ebersheimer. Die 5. Batterie der 417. Flakabteilung mit zwei 8,8-cm-Flakgeschützen und einem 12,8-cm-Geschütz sowie die 35. Batterie der 100. Abteilung z. b. V. mit über sechzehn 2-cm-Flakgeschützen hatten sich in dem strategisch bedeutungslosen Ort und auf den umliegenden Höhen verschanzt. Sie gehörten zur 9. Flakdivision, die zusammen mit der 116. Panzerdivision den Rückzug aus dem Rhônetal bis in das Elsaß gedeckt hatten. Der Ort selbst und die ihn umgebenden Erdwälle mit den vielen noch nicht grünenden Hecken boten eine verhältnismäßig gute Tarnung.

Ein amerikanischer Medium-Tank mit einer 10,5-cm-Kanone beschießt von den Obstfeldern von Drais aus am 20. März 1945 die Innenstadt von Mainz.

Am 19. März griff die erste Vorausabteilung der 5. US-Division von Schornsheim aus Hahnheim an. Das am Ortsausgang stehende 12,8-cm-Geschütz der 417. Flakabteilung nahm den ersten Sherman-Panzer unter Feuer, worauf dieser abdrehte. Angelockt wurden die Amerikaner durch eine weithin sichtbare weiße Fahne, die über der Dorfulme wehte. Über Lautsprecher forderte der Kampf-Kommandant die Bewohner von Hahnheim auf, dieses »Schandtuch« schnellstens zu entfernen, was auch umgehend geschah.

Der zweite Angriff der Amerikaner erfolgte von der Zornheimer Höhe aus und wurde von den beiden dort in Stellung liegenden 8,8-cm-Geschützen blutig abgeschlagen. Nun griffen die deutschen 2-cm-Geschütze in das Gefecht ein und schossen die Fahrzeugkolonnen der Amerikaner reihenweise in Brand. Einige GIs ergaben sich und rannten auf die deutschen Stellungen zu.

In einem heftigen Feuergefecht, das auf beiden Seiten Verluste forderte, ging der Wahlheimer Hof in Flammen auf. Nach der starken Gegenwehr der Deutschen zogen sich die Amerikaner zurück und schickten einen Vermittler vor, der die Deutschen zum Aufgeben bewegen sollte.

Aus dem besetzten Selzen sandten sie den Altbürgermeister Albert Schätzel mit einer weißen Fahne nach Hahnheim als Parlamentär. Hauptmann Schulz lehnte ein Vermittlungsangebot ab. Die Deutschen wiegten sich in Sicherheit, zumal sie eine Reihe von Amerikanern gefangen hatten. Sie wollten die Nacht abwarten, um sich dann bis zum Rhein durchzuschlagen.

Auch ein zweiter Parlamentär hatte mit seinen Übergabeverhandlungen keinen Erfolg. Jedoch baten sich die Verteidiger eine Bedenkzeit bis zum 20. März, 22 Uhr, aus. Die ihnen verbliebene Zeit nutzten sie zur Sprengung ihrer Geschütze und einiger Munitionswagen, die der Kommandant vor den Häusern von Nichtparteimitgliedern abstellen ließ.

In der Nacht zum 21. März versuchten die Verteidiger verzweifelt einen Ausbruch in Richtung Nierstein. Die deutschen Grenadiere griffen mit ihren leichten Infanteriewaffen energisch an, wurden jedoch von allen Seiten von den Amerikanern mit heftigem Feuer aller Kaliber eingedeckt. Unter blutigen Verlusten zogen sie sich zurück. Hauptmann Schulz gab sich mit dem Rest der Kampftruppe gefangen. Gleichzeitig konnten die Amerikaner ihre tags zuvor gefangenen Kameraden wieder befreien.

Für sechs Hahnheimer Bürger, darunter auch zwei Kinder, kam die Befreiung zu spät. Sie starben in einem Keller am Nordrand des Dorfes durch Granaten der Befreier oder der Verteidiger. Der Vorgang blieb ungelöst.

Die beiden Obergefreiten Kurt Scheck und Johann Schwarzkopf sowie der Stabsgefreite Heinrich Rininsland, die den vergeblichen Ausbruchsversuch mitgemacht hatten, fielen im Gefecht und wurden, zusammen mit den Hahnheimer Bürgern, auf dem Dorffriedhof beigesetzt.

Als Ergebnis dieser letzten, nur teilweise erfolgreichen Verteidigung eines rheinhessischen Dorfes lag Hahnheim zur Hälfte in Trümmern.

Nach dem endgültigen Einmarsch der Amerikaner in Hahnheim mußten die Dorfbewohner die tonnenweise umherliegende Munition aller Kaliber einsammeln. Sie füllten zehn Armeelastwagen damit.

Angelockt durch eine weiße Fahne, die über dem Schulgebäude von Hechtsheim am Morgen des 20. März flatterte, näherten sich die Panzerspitzen der Kampftruppe Spiess der 90. US-Division von Harxheim her kommend. Kurz vor dem Dorf kam die Angriffsspitze unter heftiges Artilleriefeuer der in Hochheim liegenden Artillerie. Daraufhin drehten die Panzer wieder ab.

Der Kampfkommandant von Hechtsheim, Oberleutnant Albrecht, suchte zugleich nach den Schuldigen, die diese Freveltat begangen hatten. In den drei Hechtsheimern Adam Schuch, Karl Hammen und Matthias Adam Meinhard meinten parteihörige Denunzianten die Schuldigen gefunden zu haben. Kampfkommandant Albrecht wollte die Sache nicht selbst in die Hand nehmen und verwies die beiden Hechtsheimer Hammen und Meinhard an den Kreisleiter Fuchs, der noch in Mainz amtierte. Dieser wiederum suchte fieberhaft nach einem Erschießungskommando, um die Freveltat sofort zu sühnen. Er wollte die Polizeieinheit des Alarmbataillons LV, die auf dem Hechtsheimer Berg in Stellung lag, damit beauftragen. Die Männer weigerten sich aber, an einem Standgericht teilzunehmen und beriefen sich auf ihren Kampfauftrag. Daraufhin beorderte Polizeimajor Gierhake aus Mainz SA-Männer, die dem Volkssturm zugeteilt waren, aus Trebur, Bischofsheim und Bauschheim, schleunigst über den Rhein überzusetzen und die Sache zu erledigen.

In der Zwischenzeit erschienen in einem offenen PKW Marke »Horch« die beiden SS-Offiziere Schädlich und Kleiner. Sie hatten gerade den Volkssturmführer Hermann Wilhelm Berndes in Nieder-Ingelheim an einem Kastanienbaum aufgehängt, weil er sich geweigert hatte, den sinnlosen Kampf mit einer Handvoll Volkssturmmännern aufzunehmen. »Ich sterbe, weil ich meine Heimat geliebt habe«, waren seine letzten Worte. Anschließend mußte der Volkssturm an dem Gehängten vorbeidefilieren.

Nachdem das Mordkommando komplett war und der Oberscharführer Adam Schad mit seinem SA-Volkssturm von 12 Mann am Lindenplatz Stellung bezogen hatte, brachte ein requirierter Lieferwagen die beiden Delinquenten Hammen und Meinhard von der Kreisleitung in Mainz. Nun machte sich SS-Obersturmbannführer Kleiner mit zwei SA-Männern des Kommandos Schad auf die Suche nach dem dritten vermeintlichen Schuldigen. Sie fanden ihn in der Schulstr. 14 und warfen ihn kurzerhand auf den Lieferwagen. Der zufällig nach Hause kommende Sohn, Hans Schuch, wurde von ihnen mit dem Ruf empfangen: »Da haben wir dich Stromer ja, du kannst gleich mitkommen und dir mitansehen, was mit denen da passiert.«

Obwohl der Sohn, Hans Schuch, gar nicht wußte, worum es ging, lud ihn der SS-Mann Kurt Kleiner gleich mit auf den Lieferwagen.

Auf dem Lindenplatz angekommen, inszenierte Gaustabsführer Schädlich ein sogenanntes Standgericht, dessen Vorsitz er gleich mitübernahm. Alle drei Hechtsheimer Bürger wurden zum Tode verurteilt und die sofortige Erschießung angeordnet. Einer nach dem anderen stellte sich mit unverbundenen Augen vor dem Scheunentor des Hauses Nummer 2 auf, und SS-Standartenführer Schädlich übernahm das Kommando. Die SA-Volkssturmmänner von der rechtsrheinischen Seite jagten ihre Feuerstöße aus ihren MPs in die Körper der unschuldigen Hechtsheimer Bürger.

Gedeckt durch einen M-10-Tank Destroyer mit 7,62-cm-Kanone nehmen GIs einen Deutschen aus einem Graben in der Wilhelmiterstraße gefangen (22. März 1945).

Adam Schuch, der als Letzter an die Reihe kam, wurde mit 17 Kugeln niedergestreckt. Als SS-Standartenführer Schädlich noch Lebenszeichen in dem zuckenden Körper vermutete, setzte er seine Pistole an das Genick des tödlich Getroffenen und feuerte noch einen sogenannten Fangschuß ab.

Als letzten Gnadenakt gewährten die SS-Chargen dem Sohn von Adam Schuch, sich von seinem Vater vor dessen Erschießung zu verabschieden.

Nach der Ermordung kommandierte Oberleutnant Albrecht zwei seiner Soldaten zur Beerdigung der drei Erschossenen ab.

Das Erschießungskommando mit den beiden Mördern in SS-Uniform fuhr nicht zur nahen Front, sondern setzte sich über den Rhein ab, um weiterzuflüchten. Wegen des schweren Artilleriebeschusses der Amerikaner verscharrten die mit der Beerdigung beauftragten Soldaten die Toten nur oberflächlich in einem Bombentrichter hinter dem Friedhof. Am nächsten Morgen, als die Amerikaner Hechtsheim eingenommen hatten, führte der Leichenbestatter Ringel Hans Schuch zu der Stelle, wo die drei Hechtsheimer verscharrt waren. Im Beisein der amerikanischen Soldaten wurden die drei Hechtsheimer umgebettet und am Palmsonntag, unter großer Anteilnahme der Hechtsheimer Bevölkerung und der amerikanischen Besatzung, beigesetzt. Sogar einen Trauermarsch durfte der Hechtsheimer Musikzug spielen.

Besondere Tragik erhält dieses Geschehnis dadurch, daß zwei der drei Ermordeten, darunter auch Adam Schuch, gar nicht die weiße Fahne hätten hissen können, da sie am Vorabend in einer kleinen Runde – mit Wein bei ihrem Schulfreund Holz – das Ende des Krieges begossen hatten und so volltrunken gewesen waren, daß sie am Morgen des 20. März noch fest schliefen und daher unfähig waren, die Treppen des Schulhauses hinaufzusteigen.

Die beiden Mörder, Kurt Kleiner und Kurt Schädlich, konnten sich noch bis in ihre Heimatgegend Dresden absetzen. Sie wurden jedoch von den Sowjets im Dezember 1945 aufgespürt und zu je 15 Jahren Zwangsarbeit verurteilt, die sie in Moskau und Wolgograd ableisteten.

Im Austausch gegen sowjetische Straftäter, die in Deutschland einsaßen, wurden sie im Jahre 1959 an das Mainzer Gericht überführt. Der Vorsitzende Landgerichtsdirektor Schmitt verurteilte sie zwar zu acht Jahren Zuchthaus, jedoch konnten

Mit einem M-10-Tank Destroyer gehen Infanteristen des 359. Regiments der 90. US-Division am Drususwall vor. Am Gautor traf das Geschoß einer Panzerfaust die Kette eines leichten M-5-Tanks. Er blieb beschädigt liegen.

sie schon bald nach Prozeßende wieder die Gefängnismauern verlassen, da ihnen die vorherige Inhaftierung angerechnet wurde.

Die Verteidigung plädierte schon bei Prozeßbeginn auf Freispruch und berief sich für die beiden SS-Angehörigen auf den § 47 des ehemaligen Militärstrafgesetzbuches. Dieser schützte auch Verbrechen, die unter sogenanntem Befehlsnotstand begangen wurden. Mit solchen Argumenten vertuschten die NS-Verbrecher nach dem Kriege ihre Morde.

Nach dem nicht zu beschreibenden Inferno des 27. Februar 1945 gab es in Mainz keine zerstörungswerten Objekte mehr. Die Stadt war tot. Nach amtlichen Schätzungen lebten nur noch 52 600 Einwohner von insgesamt 122 000 Einwohnern in dem ursprünglichen Stadtgebiet.

Wenn auch die Gesamteinwohnerzahl auf weniger als die Hälfte geschrumpft war, fragt man sich dennoch, wo diese Menschen einen Unterschlupf fanden. Die Stadtrandgebiete waren aber mit Ausnahme von Weisenau, Kastel und Mombach kaum zerstört. Im eigentlichen Stadtkern klammerten sich die Mainzer noch an die wenigen erhalten gebliebenen Häuser der Altstadt und des südlichen Rheinufers. Der übrige Teil der Stadt war eine einzige Trümmerwüste.

Von einer geregelten Versorgung der zurückgebliebenen Bevölkerung konnte nicht mehr gesprochen werden: Nur noch spärlich floß das Wasser in den Leitungen. Gas fiel gänzlich aus, und die Stromversorgung funktionierte nur noch entlang der Rheinseite und in einigen Vororten. Je weiter die Wohngebiete von den Kraftwerken entfernt waren, desto chaotischer war die Versorgung.

Besonders litt das stark zerstörte Weisenau.

Trotz der verheerenden Angriffe auf die Bahnanlagen und der Vernichtung fast aller Weichen-

Die Amerikaner erobern die Albanstraße. Im Hintergrund der Südbahnhof. Bei ihrem Vorgehen hatten sie das verteidigte Zitadellengelände umgangen und sammeln sich hier, um zum Rhein weiter vorzustoßen.

und Stellwerke gelang es der Eisenbahndirektion und ihren Eisenbahnern, einen wenn auch unregelmäßigen Zugverkehr durch den zerstörten Hauptbahnhof aufrechtzuerhalten.

Pausenlos griffen die Mustangs, Thunderbolts und Lightnings Schiffe, Autos und Züge an. Es grenzte schon an ein Wunder, daß überhaupt noch Versorgungsgüter in die Stadt kamen. Sporadisch verteilten die Kaufleute in den wenigen noch erhalten gebliebenen Geschäften die gerade eingetroffenen Lebensmittel an vorbeihastende Bürger. Selbst die geringen Mengen, die jedem Bewohner auf Lebensmittelkarten noch zustanden, konnten mangels Masse oft nicht ausgegeben werden.

Zum Protest forderten die fanatischen Durchhalteparolen der Parteiführung heraus.

Bormanns Befehl der Sippenhaftung, der Kreisleiterbefehl zur Erschießung von Deserteuren, der »Nero-Befehl« Hitlers vom 19. März zur Vernichtung aller kriegswichtigen Einrichtungen, die fliegenden Standgerichte, all das ertrug die Bevölkerung ohne sichtliche Erregung.

Eine Publizierung dieser letzten Aufrufe im Stadtgebiet von Mainz war – alleine schon durch das Fehlen der Anklebeflächen – nicht möglich. Diese lagen unter den mächtigen Schuttmassen, die durch die letzten Angriffe entstanden waren.

Mit Verwunderung und Kopfschütteln besahen sich die Mainzer die hilflosen Verteidigungsvorbereitungen der von Goebbels im Rundfunk so groß herausgestellten Mainzer Garnison.

Seit dem 7. März 1945 gehörte die Stadt Mainz zum Kampftruppenstab B. Der Kampfkommandant des »festen Platzes Mainz« war dem »Kommandant Rhein-Bereich Mitte« unterstellt. Diese Zone reichte von der Lahn im Norden bis nach Gernsheim im Süden. Generalmajor Walter Runge, der sein Stabsquartier in Groß-Gerau bezog,

Infanteristen des 359. Regiments suchen Deckung an der Mauer der Markthalle. Vereinzeltes Maschinengewehrfeuer stört noch sporadisch den Vormarsch. Die Amerikaner lassen sich Zeit und warten auf ihre Panzer, die die Widerstandsnester niederkämpfen.

sollte den Raum zur Verteidigung vorbereiten und sichern. Dazu stand ihm ein Behelfsstab, gebildet aus Ersatztruppenteilen der Division Nr. 172 z. b. V., einer Division des Ersatzheeres in Darmstadt, zur Verfügung. Die Soldaten und Offiziere dieser reinen Ausbildungsdivision waren meistens Genesende oder Schwerkranke, die ihren Dienst nur mit Mühe verrichten konnten. Ausgebildete junge Rekruten wurden von oberen Kommandostellen direkt aus der Division herausbefohlen und für den Ersatz der Kampfdivisionen bereitgestellt. Auch die Umbenennung und Aufstockung des Wehrkreises XII in das Armeekorps XII änderte die fatale Situation nicht. Neuer Befehlshaber des ganzen Gebietes um den Mittelrhein wurde General der Artillerie Osterkamp. Als Chef des Generalstabes fungierte Generalmajor Fäckenstedt mit Sitz in Wiesbaden.

Aus denen zur Verfügung stehenden halbausgebildeten Truppen kamen nur kleinere Kontingente nach Mainz. Dem Kampfkommandanten des »festen Platzes Mainz«, Oberst Weiß, standen für die Verteidigungsvorbereitungen Teile des Ausbildungs- und Ersatzpionierbataillons 34, Teile des Ausbildungs- und Ersatzheeresflakbataillons 66 in Wackernheim und Teile des Landesschützenbataillons 12 in Gonsenheim, eine Batterie/II des Ausbildungs- und Ersatzartilleriebataillons 33 mit zehn bis zwölf 10,5-cm- und 7,5-cm-Geschützen zur Verfügung. Der Stab der Batterie mit den schweren Geschützen lag in Hochheim. Zur Ergänzung dieser Streitmacht wurden noch wehrfähige Männer der älteren Jahrgänge zur Schutzpolizei eingezogen, und diese mit zwei Hundertschaften als sogenanntes Alarmbataillon LV aufgestellt. Die Sicherung der Rheinbrücken und die Aufrechterhaltung des späteren Fährbetriebes unterstanden dem »Rheinkommandanten«

Oberst Pust von Mainz-Kastel mit einem Bataillon des Landespionierregimentes 12.

Versprengte Truppenteile aus den Flakersatzabteilungen 1, 45, 322 (RAD) und 341 sowie des Reservegrenadierersatz- und Ausbildungsbataillons 14, Teile des 2. Schützenersatzbataillons mot. 86 und des 2. Schützenbataillons mot. 3 ergänzten das Kontingent der Verteidiger. Der etwa 600 Mann starken Truppe standen nur leichte Infanteriewaffen, wie Gewehre, Karabiner K 98 und leichte Maschinengewehre zur Verfügung. Schwere Waffen, mit Ausnahme von zwei ortsfesten 8,8-cm-Flakbatterien zu je drei Geschützen vor der Annabergsiedlung und an der unteren Zahlbacher Straße, fehlten.

Für die Panzerabwehr standen genügend Panzernahkampfwaffen, sogenannte »Panzerfäuste« zur Verfügung. Die unausgebildeten Landesschützen waren in dem Umgang mit den Waffen ungeübt. Der Munitionsvorrat war beschränkt, die Fahrzeugausstattung mangelhaft, die meisten Wagen nur mit Pferden bespannt. Feldküchen fehlten ganz. Die Versorgung der Truppe erfolgte aus den Proviantlagern der Stadt und war ausreichend. Kein Truppenteil verfügte über einen Nachrichtenzug. Die verantwortlichen Kommandostellen bedienten sich des öffentlichen Fernsprechnetzes, sofern dieses funktionierte.

Das Oberkommando der Wehrmacht stufte den Kampfwert der »Gruppe Runge« mit dem niedrigsten Bewertungsmaßstab der Wehrmacht ein: Zur Abwehr bedingt geeignet. Bei einem Vorstoß des Gegners rechnete der Kommandostab in Groß-Gerau für den Brückenkopf Mainz höchstens mit einer Verzögerung durch die Verteidigung von wenigen Tagen. Der Befehlshaber des Bereichs Rhein Mitte, Generalmajor Runge, der die Einnahme von Mainz nur um zwei Tage überlebte, sollte mit seiner Vorhersage Recht behalten.

Nach der Sprengung der Rheinbrücken unterstand der »feste Platz Mainz« direkt der 7. Armee von General Felber.

Der Stadtkommandant von Mainz, Oberst Weiß, befehligte aus seinem sicheren Bunker vor der Flakkaserne (heute Universität) den Einsatz dieses Konglomerats aus unausgebildeten und versprengten Truppenteilen, die dem Ansturm einer völlig intakten amerikanischen Infanteriedivision mit 12 000 Mann auf 2 500 Fahrzeugen standhalten sollten.

In der Breidenbacherstraße existierte noch eine Stadtkommandantur, die der Adjutant von Oberst Weiß, Major Dann, befehligte. Ein Behelfslazarett zur Versorgung der im Kampf zu erwartenden Verwundeten richtete der Kommandant unter der Leitung von Medizinalrat Dr. Winter in den sicheren Gewölben der Zitadelle ein.

Große Aufregung herrschte bei den Militärs am 19. März, als die Meldung durchgegeben wurde, die Front komme zurück. Eigens zu diesem Zweck hielten Hilfspolizisten des 1. Polizeireviers vom Fischtor unter dem Kommando von Polizeioffizier Dörrschuck die Rheinstraße frei. Doch dann kam lediglich ein lahmgeschossener Panzerspähwagen, begleitet von einem blutjungen Soldaten und einem ergrauten Landesschützen. – Das war alles!

Zu diesem Zeitpunkt stand auf der Linie Ingelheim – Wörrstadt – Gau-Odernheim – Pfeddersheim in Rheinhessen kein einziger deutscher Soldat mehr.

Die noch in Mainz zurückgebliebenen Nazi-Stellen wollten allerdings das Ende ihrer Ära nicht wahrhaben. Auch wenn sie die Aussichtslosigkeit einer Verteidigung der Stadt erkannten, be-

Soldaten des 359. Regiments erreichen am 22. 3. 1945 den Leichhof.

mühten sie sich doch, den zurückgebliebenen Mainzern eifrig mit Durchhalte-Parolen einzuheizen.

Getreu seinem Spruch »Wir halten die Wacht am Rhein« erließ Gauleiter Sprenger schon am 26. Januar 1945 den geheimen Befehl zum Bau von Panzersperren. In der dilettantischen Vorschrift sollte hauptsächlich mit Baumsperren versucht werden, die angreifenden Panzer der Amerikaner aufzuhalten.

»Für eine Anzahl von Sperren ist die Schließung der Durchfahrtslücke mittels Rundhölzern von 25-30 cm ⌀ vorgesehen. Diese Hölzer sind bei einem Gewicht von durchschnittlich 250 kg für das Schnellschließen der Lücken durch das Volksaufgebot zu schwer. Nachdem nun der Feind anscheinend dazu übergegangen ist, die Lücken nicht durch ausgebootete Kräfte zu öffnen, sondern Spezialpanzer mit Jägervorrichtungen anzusetzen, spielt die Stärke der Hölzer nicht mehr eine so entscheidende Rolle. Um das Schnellschließen zu erleichtern, können deshalb schwächere Rundhölzer von 10-15 cm Stärke in entsprechend vermehrter Anzahl verwendet werden. Um das Durchsägen jedoch zu erschweren, müssen zwischen die Stämme vor allem in den oberen Lagen Rundstahlstangen, Winkeleisen, Wasserleitungsrohre usw. in der gesamten Durchfahrtbreite eingelegt, besser an den Rundhölzern festgenagelt werden. Für diesen Zweck ist auch Bandeisenbenagelung oder Umschlingen mit Draht in Längsspiralen vorteilhaft. Diese Stahleinlagen dürfen vom Feindpanzer aus nicht erkannt werden. Sie müssen auch noch für bereits festgelegte und vorbereitete Holzsperren bereitgelegt werden.

Baumsperren sind gem. H. Dv. 220/4, Ziff. 268 II vermehrt mit versteckten Ladungen, Beobachtungsminen, Panzerminen, vor, neben und hinter der Sperre usw. zu versehen. Bandeisen, Bauklammern, Verdrahtungen und sonstige Mittel zur Unbrauchbarmachung der Sägevorrichtung sind in den ersten Bäumen an der feind- und freundwärtigen Seite, vor allem an den Stellen in erhöhtem Maße einzubauen, an denen Gegner vermutlich Sägevorrichtung ansetzen wird.«

Diese genau nach Heeresdivisionsvorlage errichteten Panzersperren erhielten von den anrückenden Amerikanern den Spitznamen »1-Minuten-Schreck«: eine Minute Schießen und 60 Minuten Lachen: Sixty-One Minute Roadblock.

In Wiesbaden erging an die Gendarmerie-Kompanie 572 am 3. März von der Gauleitung in Frankfurt der Befehl, den Bau von Verteidigungsanlagen, in der Hauptsache Panzersperren, in der sogenannten Rheinstellung zu überwachen.

Der Großraum Mainz-Wiesbaden zählte zum Überwachungsraum dieser Polizeieinheit. Damit sollten die Verteidigungsanstrengungen der 172. Infanterie-Division z. b. V., die sich auf der rechten Rheinseite um die Rekrutierung der letzten Reserven bemühte, wesentlich unterstützt werden. Zum Bau dieser Panzersperren sollte nach dem Willen der Kreisleitung der in letzter Minute aufgestellte Volkssturm herangezogen werden.

Der Personalbestand des Volkssturms war aber so schwach, daß es in unserem Raum nicht zum Bau dieser Sperren kam. Gaustabsführer und SS-Standartenführer Schädlich beschwerte sich schriftlich bei der Gauleitung in Frankfurt über die verstärkte Heranziehung der Lehrerschaft, die alle gute Parteimitglieder waren und darüber, daß andere Berufsgruppen sich unter fadenscheinigen Ausflüchten vor dieser heroischen Arbeit drückten.

Obwohl in Mainz nichts mehr funktionierte, versetzten Fanatismus, Endsieghysterie und Denunziation immer noch die Menschen in Angst und Schrecken.

Für besonders angesehene und linientreue Parteigenossen gab die Kreisleitung Evakuierungsscheine aus, um sie über den Rhein übersetzen zu können.

Alle Verwaltungsstellen erhielten die Anweisung, wichtiges Material auf die rechte Rheinseite zu transportieren. Die Dienststellen bekamen den Befehl, sogenannte Verwaltungszüge zusammenzustellen, und je nach Dringlichkeit setzten sich diese über den Rhein ab.

Erschwert wurden diese Operationen, als aus taktischen und militärischen Gründen in der Nacht zum Sonntag, dem 18. März, gegen zwei Uhr die drei Mainzer Brücken von dem Pionierbataillon 33, das in der von Goltz-Kaserne in Mainz-Kastel lag, gesprengt wurden.

Damit war die Verbindung zur rechten Rheinseite abgeschnitten, und eine weitere Versor-

Über Gesteinstrümmer gehen die Infanteristen des 359. Regiments der 90. US-Division am späten Nachmittag des 22. März 1945 in die Augustinerstraße. Die umherliegenden Trümmer bildeten das größte Hindernis beim Vormarsch.

Blick vom Ostturm des Domes über die gesprengte Straßenbrücke am Abend des 22. März 1945. Gut sichtbar ist die Ruine des »Eisernen Turms« und die Ruine der Stadthalle, von den Mainzern liebevoll »Gut Stubb« genannt.

gungslücke tat sich auf. In Budenheim brannte ein Kommando des gleichen Pionierbataillons die Holzbrücke ab.

Viele Mainzer besahen sich am Morgen nach der Sprengung mit Ohnmacht und Zorn ihre Brücken, die den ganzen Krieg überstanden hatten und von denen jetzt – kurz vor Kriegsende – nur noch verbogene Trümmerteile aus den Fluten emporragten und noch für lange Zeit die Schiffahrt sperren sollten.

Für die Sprengung machte das Führerhauptquartier in Berlin einen Oberst verantwortlich, der Hitler in »Sippenhaft« mit seiner ganzen Familie für die erfolgreiche Vernichtung der Brücken verantwortlich gemacht wurde.

Zwei Tage später versenkten Eisenbahnpioniere und Marineeinheiten alle noch schwimmfähigen Schlepp- und Lastkähne, insgesamt 38 Schiffe. Selbst kleine Nachen versanken im Rhein. Nur hie und da versteckten die Soldaten auf Befehl noch einen schwimmfähigen Untersatz am Ufer, um für auserwählte Nazis den Rückzug offenzuhalten. Von solch einem Angebot machten auch die beiden Polizeioffiziere Reichardt und Gierhake Gebrauch, als sie in einem Ruderboot des Weisenauer Rudervereins das Weite suchten.

Bewegte die Mainzer die Sprengung ihrer Brücken, so nahmen sie die Vernichtung der Freibäder im Winterhafen durch die Artillerieabteilung 33 von Hochheim aus nur noch mit Verbitterung, aber mit stoischer Gelassenheit hin.

An Führung war von den Nazi-Stellen nichts mehr zu erwarten. Die Paladine waren zu sehr mit der Rettung ihrer eigenen Haut beschäftigt, als daß sie sich noch mit der ihnen anvertrauten Bevölkerung hätten befassen können. Rechtzeitig schon setzte sich Reichsstatthalter Jakob Sprenger von seiner Residenz in Oppenheim zur rechten Rheinseite hin ab. Kreisleiter Fritz Fuchs verlangte zwar Widerstand bis zur letzten Patrone, dachte aber nach dem Hechtsheimer Mord eher an die eigene Rettung und verließ Mainz ebenfalls in Richtung Oberhessen; als Grund gab er einen Führerbefehl an. Nach diesem sollten die Kreisleiter aber in vorderster Front kämpfen.

Die Gestapo-Stelle in der Kaiserstraße 31 hatte sich schon einige Zeit vorher abgesetzt. Gestapo-Mann Maier rannte in der Rheinstraße um sein Leben, als ihn einige »Untergetauchte« erkannten.

Nach der Sprengung der Brücken versah ein altersschwacher Rheinschlepper mit einem angeseilten Pionier-Ponton die Fähraufgaben von der »Köln-Düsseldorfer Anlegestelle« am Halleplatz zur Kasteler Seite nahe der Reduitkaserne. Diese Fährverbindung diente in der Hauptsache zum Übersetzen der großen und kleinen Parteigenossen mit ihren Familien. Vereinzelt verlud auch die Wehrmacht, hauptsächlich Einheiten der

Blick vom Ostturm des Domes über die zerstörte Altstadt zur gesprengten Südbrücke am Abend des 22. März 1945.

Soldaten der 90. US-Division fahren hinter einem abgeschossenen Halbkettenfahrzeug mit 2-cm-Flak am Schloßplatz vorbei. Hinter dem Lenkrad des Halbkettenfahrzeugs kauert die verkohlte Leiche des Fahrers.

7. Armee, noch Material und schweres Gerät, welches sie noch rechtzeitig von der nahen rheinhessischen Front abziehen konnte.

Kurz vor dem Einmarsch der Amerikaner gingen sechs 2-cm-Vierlings-Flakgeschütze entlang des Rheinufers in Stellung. Zwei postierten sich auf dem Halleplatz, eines auf der Auffahrt der Straßenbrücke, ein weiteres am Rheinufer nahe dem Kurfürstlichen Schloß, eins stand noch auf dem Doppelturm der gesprengten Südbrücke und ein letztes auf dem alten Zollturm auf dem gegenüberliegenden Kasteler Rheinufer. Mit ihrer geballten Feuerkraft aus 24 Rohren hielten sie die amerikanischen Tiefflieger in respektvoller Entfernung, so daß das Übersetzen mit der Fähre und der Marineprähme vom Fischtor aus gefahrlos vonstatten ging. In die eigentlichen Kampfhandlungen griffen die leichten Flakgeschütze jedoch nicht ein: im Gegenteil, eine Abwehrkanone auf dem Halleplatz wurde durch das gezielte Feuer der amerikanischen Fern-Artillerie, das von einer über der Stadt kreisenden »Piper Cub« (Beobachtungsflugzeug) geleitet wurde, am 21. März vernichtet und die Bedienungsmannschaft getötet.

Auf der rechten Rheinseite erlebten die dort ankommenden Parteigenossen und einige der mitgegangenen ängstlichen Bürger eine herbe Enttäuschung. Von dem versprochenen Transportmittel, das bereitgestellt sein sollte, war weit und breit nichts zu sehen.

Die Nazi-Führung riet zwar der linksrheinischen Bevölkerung dringend, den Fluß zu überqueren, da die Schlacht um den Rhein »zur Schicksalsstunde Deutschlands« werden sollte. Von einer Organisation aber war nichts zu spüren. Viele der Geflüchteten kehrten enttäuscht am gleichen Tag wieder zurück, verschwanden schnell im Trümmergewirr der Stadt, um sich dort ihrer Parteiuniformen zu entledigen und sich in brave Bürger zu verwandeln.

Die Unverzagten setzten aber auf der rechtsrheinischen Seite unter unsäglichen Strapazen und

95

22. März 1945, später Nachmittag im Graben: Deutsche Soldaten des Landesschützenbataillons 12 marschieren an zwei M-10-Tank Destroyers mit aufgesessener Infanterie der 90. US-Divison in die Gefangenschaft. Interessiert schauen Mainzer Buben dem Treiben zu. Von allem ungerührt hebt ein kleiner Hund sein Bein.

unter ständigen Angriffen von Tieffliegern – mit Pferdefuhrwerken oder zu Fuß – ihren Weg ins unbesetzte Reich fort. Großer Beliebtheit erfreuten sich als Fluchtziele die Orte Alsfeld, Lauterbach und das kleine Dorf Schlitz am Rande des Thüringer Waldes.

Für die offiziellen Parteizentralen von Mainz hatte man schon etwas besser vorgesorgt. Alle Parteigenossen erhielten einen offiziellen Marschbefehl zum Übersetzen auf das rechtsrheinische Gebiet, damit kein wertvolles deutsches Volksgut verloren gehen sollte.

Unter dem heftigen Feuer der amerikanischen Artillerie, die schon rund um Mainz Stellung bezogen hatte, setzten sich zwei »Verwaltungszüge« in Richtung Fischtor in Bewegung. Dort wartete eine seit dem 20. März eingesetzte moderne Marineprähme, um die kostbare Fracht aufzunehmen.

Der erste Verwaltungszug, der über den Rhein ging, stand unter der Leitung von Oberbürgermeister Heinrich Ritter, mit ihm verschwand Landrat und Provinzialdirektor Dr. Wehner. Sie ließen sich nach Kastel übersetzen, nahmen Kontakt auf mit der Funkleitstelle in Gustavsburg und gelangten nach und nach mit Armeelastwagen und Pferdefuhrwerken immerhin bis nach Deggendorf in Bayern. Dort tauchten die »Helden« unter falschem Namen unter.

Besonders ereignisreich verlief der Rückzug des zweiten Verwaltungszuges über den Rhein. Während die Mainzer Bevölkerung in den Kellern saß und die Granaten der amerikanischen Artillerie auf die Trümmer der Stadt niederprasselten, verließen am 21. März 1945 Oberstleutnant Max Reichardt und Polizeimajor Gierhake ihren Bunker an der Karl-Weiser-Straße nahe der Südbrücke und bliesen zum Rückzug. Unter heftigem Beschuß verließen kleine Trupps, darunter auch Frauen, die Keller des Polizeipräsidiums und sammelten sich am Fischtor. Dort nahm sie die bereit-

Lachend unterhält sich ein Funktrupp des 359. Regiments der 90. US-Division im Graben. Die Mainzer bestaunen die Befreier. Der 22. März 1945 war ein echter Glückstag. Die Amerikaner kamen allerdings nicht als Befreier, sondern sie besetzten Feindesland.

stehende Marineprähme auf und brachte die etwa dreißig Personen zur rechten Rheinseite. Ihr Gerät, bestehend aus Akten, Fernmeldegeräten, Uniformen sowie weiteren Ausrüstungsgegenständen, lag schon seit geraumer Zeit in Miltenberg am Main. Technische Geräte und Bekleidungsgegenstände hatte man in Hering, auf dem Otzberg, untergestellt. Personalakten, Wehrerfassungsunterlagen und andere wichtige Dinge stapelten sich im Kloster Ilmenstadt.

Über die Funkstelle einer Heereseinheit in den MAN-Werken in Gustavsburg erhielt der Verwaltungszug weitere Befehle der bereits in Miltenberg stationierten Mainzer Schutzpolizei. Mit Fahrzeugen der Feuerschutzpolizei fuhren sie nun über Wicker, Weilbach, Hattersheim, Sindlingen, Höchst, Frankfurt, Darmstadt, Roßdorf, Dieburg, Klein-Zimmern und Lengfeld nach Hering im Odenwald. Auf dem Otzberg ließen sie ihre Fahrzeuge zurück und setzten ihren Weg zu Fuß über Altheim, Badenhausen und Odenburg nach Wörth fort.

Am 25. März 1945 erzwang ein Panzeralarm das weitere Zurückweichen des Verwaltungszuges. Zu Fuß marschierten sie über Mechenhard, Streit, Eschau, Sommerau, Hoppach, Wintersbach, Windheim und Hafenlohr nach Rodenfels. Als weiteres Fortbewegungsmittel wählten sie hier ein kleines Kanonenboot der Marine. Mit ihm gelangten sie bis nach Cellingen am Main. Eine gesprengte Brücke, die halb im Wasser lag, mit einigen Teilen aber noch über einen Brückenpfeiler hing, versperrte die weitere Flucht.

Der Kapitän versuchte trotz des Niedrigwassers, mit dem Handlot die günstigste Stelle für eine Durchfahrt zu erkunden. Dies mißlang. Das Kanonenboot berührte mit der Kommandobrücke den Brückenbogen und schob diesen vom Sockel. Brückentrümmer stürzten auf das Boot und verletzten einige der Insassen schwer.

Das Boot versank in den Fluten des Maines, und die Mainzer Schutzpolizei ging baden. Von hier aus verwischten sich deren Spuren im Raum Würzburg.

Viele flüchtende Parteifunktionäre gerieten in amerikanische Gefangenschaft, konnten aber nach kurzer Zeit nach Mainz zurückkehren. Ein Teil des Verwaltungszuges, unter ihnen Polizeipräsident Reichardt, erreichte aber schließlich am 30. April 1945 Velburg in Bayern, wo sie untertauchten. Andere begingen aus Angst Selbstmord.

Heinrich Ritter und Fritz Fuchs wurden von den anrückenden Amerikanern in Bayern aufgespürt und im Lager Ziegenhain bei Kassel interniert. Hier hatten sie nun Muße, über die Tyranneien gegenüber den Mainzern nachzudenken und etwas von den angehamsterten überflüssigen Pfunden abzuspecken, die sie sich während der letzten zwölf Jahre auf Kosten der hungernden Bevölkerung zugelegt hatten.

Von der Nazi-Führung verlassen, erwartete nun Mainz die letzten Stunden des »tausendjährigen Reiches«. Nur eine kleine Gruppe von pflichtbewußten Verwaltungsbeamten, die nicht zur Parteiprominenz gehörte, arbeitete noch in den Mainzer Dienststellen. Dazu zählte auch das Nichtparteimitglied Regierungsrat Dr. Walther, der das Amt für Fliegergeschädigte leitete und keinen Marschbefehl von den Nazis erhalten hatte.

Am 21. März 1945 befahl der Ortskommandant von Mainz, Oberst Weiß, einige Mainzer Persönlichkeiten zu einer Unterredung in die Kupferbergklause auf der Mathildenterrasse. Unter die Anwesenden mischte sich auch der SS-Obersturmbannführer und Gauinspekteur Guido Reimer, um noch einmal die Anwesenden zu höchstem Verteidigungswillen anzuspornen, bevor er verschwand. Aber die Mainzer Garnison war so schwach, daß es ihr nicht einmal gelang, die immer mehr um sich greifenden Plünderungen durch die ausgehungerte Bevölkerung zu stoppen.

Das Verschwinden der Nazi-Führung ermutigte die Mainzer, nun endgültig – kurz vor dem großen Paukenschlag – sich aus den Kellern zu wagen, um sich aus den Proviantlagern der deutschen Wehrmacht eine Art Wiedergutmachung für all die Entbehrungen der vergangenen bittern Jahre zu beschaffen, und aus Angst, die Lebensmittel könn-

Ein Minensuchtrupp der 90. US-Division bei der Säuberung der Mombacher Hauptstraße.

Überstanden! Eine Mutter wärmt sich mit ihren beiden Kindern in der Märzsonne vor einem Splittergraben an der Philippsschanze nach dem Einmarsch der Amerikaner am 22. März 1945.

Mit Hab und Gut nebst der obligatorischen weißen Fahne verlassen die letzten Insassen den Zitadellenbunker am 22. März 1945.

ten noch in letzter Minute vernichtet werden. Sie stürzten sich auf die Schätze, die in den einzelnen Proviantlagern im Stadtgebiet versteckt lagen. Durch Mundpropaganda informiert, zogen ganze Straßengemeinschaften zu den Lagern und räumten sie in wenigen Stunden aus: »Nutze den Krieg – der Friede wird fürchterlich.« Großer Beliebtheit erfreuten sich das Gouvernement, das Proviantamt und das Fort Malakow. Die vereinzelt aufgestellten Wachposten wurden erst gar nicht beachtet oder einfach überrannt. In den stockfinsteren Kellern suchten die Mainzer nach Dingen, die sie schon seit Jahren hatten entbehren müssen und die hier in ungeahnter Fülle lagerten. In den vollen Regalen fanden sie die begehrten Schätze. Vollgepackt mit Ölsardinen, Thunfisch, Schiffszwieback, Marmelade und Tubenkäse zogen sie triumphierend zu ihren Kellern zurück, um hier das Ende des Zweiten Weltkrieges zu feiern. Die Androhung der Todesstrafe durch den Ortskommandanten hatte auf die Bevölkerung keine abschreckende Wirkung. Die sonst allgegenwärtige Schutzpolizei war nirgends aufzufinden.

Auf dem Liebfrauenplatz schlachteten die Anwohner ein angeschossenes Wehrmachtspferd.

Die Mächtigen des Polizeiapparates hatten sich schon längst abgesetzt, und die Polizei war, in zwei Hundertschaften aufgeteilt, zum Fronteinsatz auf die Hechtsheimer Höhe als Alarmeinheit LV. abkommandiert. Innerhalb von Stunden platzte der ganze marode Apparat der nationalsozialistischen Tyrannei wie eine Seifenblase. Das Verhalten der Mainzer gegenüber den deutschen Soldaten der letzten Einheiten war ganz anders, als es sich Kreisleiter Fuchs und Reichsstatthalter Sprenger aus der Ferne vorstellten.

Beherzt gingen die Anwohner der Uferstraße und der Rheinstraße zu den deutschen Pionieren und forderten diese kategorisch auf, die gerade geschärften Tellerminen in ihren Straßen wieder zu entfernen. Andere unterstützten ihre Forderungen, in dem sie Zigarettenzuteilungen herbeiholten, die sie den Pionieren anboten. Für den Fahrer eines Opel-Kadett kam dies alles jedoch zu spät. Eine explodierende Tellermine riß ihm, nahe dem Marine-Denkmal am Rhein, beide Beine ab.

Aber am 22. März fuhr kein einziger Sherman-Panzer auf eine geschärfte Mine.

Als kleine Infanteriegefechte in der Stadt mit amerikanischen Truppen entbrannten, schalteten sich die Bürger ein und forderten die deutschen Truppen offen auf, den sinnlosen Kampf einzustellen und die Waffen wegzuwerfen. Vor dem Gouvernement kam es zu einem erhitzten Wortgefecht zwischen einem jungen ehrgeizigen Leutnant und der kriegsmüden Bevölkerung.

Wenige Stunden später marschierte aber auch der letzte »Endsieg-Leutnant« in amerikanische Gefangenschaft. Viele ältere Soldaten des Gonsenheimer Landesschützenbataillons 12, welches hauptsächlich aus Österreichern bestand, irrten vor den herannahenden Amerikanern hilflos im Stadtgebiet umher. Unerschrockene Zivilisten schleusten sie in die Lazarettstation des Priesterseminars in der Grebengasse, wo sie sich den Amerikanern ergaben.

Daß Fanatismus auch selbstzerstörerischen Charakter haben konnte, demonstrierte ein Hitlerjunge, der in der Parcusstraße aus der Front der angetretenen Kriegsgefangenen vortrat und den GIs ein »Sieg Heil« entgegenschrie: er wurde in einem Hausflur mit Gewehrkolbenschlägen traktiert, bis er mehr einem Klumpen Fleisch als einem Menschen ähnlich sah.

Beim Näherrücken der Front zog sich das Heeresflakbataillon 66 aus den Stellungen vor Ober-Olm zurück. In Bretzenheim marschierten die jungen Soldaten an einem zerstörten Straßenbahnwagen vorbei. Er trug die frische Aufschrift: »Hitler verrecke, es lebe Stalin«.

Nach Zurücklassen ihrer Vierlings-Geschütze am Taubertsberg, wo schon vor ihnen eine Einheit ihre 15-cm-Haubitzen verlassen hatte, bezogen sie Quartier in den Gewölben der Sektkellerei Kupferberg.

Der erst halbfertige, rote Sekt Marke »Richard Wagner« machte den Aufenthalt für die jungen Soldaten in Mainz erträglich.

Unter schwerem Artilleriebeschuß setzen die letzten Soldaten am 21. März mit der Pionierfähre nach Kastel über, um weiter zurückzuweichen.

Beim Einmarsch der Soldaten der 90. US-Division verwandelten sich die Fassaden der noch bewohnten Straßen von Mainz in ein reines Flaggenmeer. Jeder, der auch nur noch einen Fetzen weißen Stoffes besaß, befestigte diesen an einer Stange oder an einem Besenstiel und hißte ihn zum Fenster oder zur Tür hinaus. Manche Haken-

Deutsche Gefangene der Mainzer Garnison marschieren unter Bewachung zum Sammelplatz auf dem Gelände des ehemaligen Kreisleiters Fuchs im Stadtpark.

Das Höfchen mit Dom einen Tag nach der Eroberung. Die verbliebene Bevölkerung versucht außerhalb der Sperrzeiten schnell noch einzukaufen. US-Signal-Corps-Aufnahme vom 23. März 1945.

kreuzfahne wurde noch in letzter Sekunde von der Fahnenstange gerissen, um durch ein weißes Tuch ersetzt zu werden.

Freudig, wenn auch mißtrauisch, nahmen die über die Trümmer kletternden GIs diese totale Unterwürfigkeit entgegen. Trotz Fraternisierungsverbot bemühten sich die übermüdeten Soldaten, sogleich den freundlich winkenden jungen Mädchen und Kindern die ersten Kaugummis und Schokoladenriegel zuzuwerfen. Als Gegenleistung strahlten ihnen freundliche Kinderaugen aus staub- und rußgeschwärzten Gesichtern entgegen.

Das war das Höchste, was die Mainzer in diesen Tagen zu bieten hatten.

An diesem Abend des 22. März 1945 versank Mainz – zum ersten Male seit sechs Jahren wieder – in einen ruhigeren Schlaf. Daran änderte auch die Tatsache nichts, daß sich die Front, deren Hauptkampflinie mitten durch den Rhein verlief, noch immer sehr nahe bei der Stadt befand.

Noch am späten Abend standen die Leute auf den Straßen und wichen nur zögernd den vorbeirasselnden Panzern und schnellen Jeeps aus.

Ab und zu warf ein Bewohner einen scheuen Blick nach oben; aber von dort war nichts mehr zu befürchten.

Allein diese Gewißheit war Grund genug, daß sie nach all den Jahren der Unterdrückung und des Schreckens den Amerikanern dankbar waren. An diesem Abend gab es keine Angst vor Denunziation und keine Furcht vor Bomben.

Josef Goebbels wetterte aus dem fernen Berlin: »Das vergesse ich der feigen Westmark nie!«

Als sich die 90. US-Division anschickte, Mainz zu erobern, standen zur gleichen Zeit die 5., 4. und 11. Division tief im rheinhessischen Hinterland und trieben die Reste der versprengten 7. deutschen Armee vor sich her, die nach einem großangelegten Vorstoß von George S. Pattons 3. Armee zerschlagen worden war. SS-Oberstgruppenführer Paul Hausser erkannte, wenn auch spät, die Aussichtslosigkeit des Kampfes und erbat vom OB West die Rücknahme der Heeresgruppe G über den Rhein. Generalfeldmarschall Kesselring zog sich mit der salomonischen Antwort: »Halten Sie die Stellungen, aber lassen Sie sich nicht einkesseln!« aus der Affäre. Dies war in den meisten Fällen schon geschehen.

Hausser befahl den Rückzug der Reste seiner Armee, die sich daraufhin bis zum 25. März 1945 über den Brückenkopf vor Germersheim über den Rhein retten konnte.

Dieser wurde von der 17. SS-Grenadierdivision aufopfernd verteidigt. Zwischen dem 13. und 21. März verlor allein Haussers Heeresgruppe G 120000 Mann durch Gefangennahme. In langen Marschkolonnen – meistens ohne Bewachung – zogen die geschlagenen deutschen Divisionen, vorbei an den vorstoßenden Panzerspitzen, in die rückwärtigen Gefangenenlager.

Am Abend des 22. März ging der Waffengang in Rheinhessen zu Ende. Einen Tag zuvor drangen noch die Panzerspitzen des 359. Regiments der 90. US-Division, von Harxheim kommend, entlang der alten Gaustraße, nach Hechtsheim ein. 48 amerikanische Shermans rückten gegen diese schwachen Verteidigungsstellungen auf der Hechtsheimer Höhe vor. Die dort verteidigenden Polizisten der LV. Alarmabteilung leisteten keinen Widerstand mehr und ergaben sich, da zuvor 16 von ihnen unter dem heftigen Bombardement der amerikanischen Tiefflieger gefallen waren. Der Kampfkommandant des festen Platzes Mainz, Oberst Weiß, sah sich gezwungen, daraufhin die provisorische Front auf die Linie Zitadelle – Drususwall – Aliceplatz zurückzuziehen. Ohne Hast besetzten das 357., 358. und 359. Regiment der 90. US-Division die Vororte von Mainz. In Weisenau zog kampflos das 357. US-Regiment ein. Gonsenheim besetzte das 358. Regiment. Aus der Kathenkaserne schoß noch ein deutsches Artilleriegeschütz. Eine Granate zerstörte in allerletzter Minute die Fassade eines Hauses am Juxplatz.

Am Morgen des 22. März, einem herrlichen wolkenlosen Vorfrühlingstag, durchkämmten die amerikanischen Grenadiere unter dem Feuerschutz ihrer Panzer die Ruinen von Mainz, um vereinzelt noch vorhandene Widerstandsnester auszuheben. Der stärkste Widerstand kam aus den unübersichtlichen Gräben vor der Zitadelle. Auf der Höhe des Krematoriums ging schwere Artillerie der 90. Division in Stellung und belegte mit ihren Salven den Stadtkern.

In der Breidenbacherstraße widersetzten sich einige Offiziere der Kommandantur mit ihren Dienstpistolen der Gefangennahme, aber dieser

Aus einem Landungsboot der US-Navy gehen Infanteristen des 317. Regiments der 80. US-Division am 29. März 1945 bei Kostheim an Land. In einem Tag eroberten sie den ganzen Rhein-Main-Bogen und besetzten Wiesbaden.

Widerstand hatte nur mehr symbolische Bedeutung und vermochte den Gang der Dinge nicht zu beeinflussen.

Gegen 16 Uhr erreichten die ersten GIs das Rheinufer. Von der anderen Rheinseite, die noch von deutschen Truppen gehalten wurde, fiel kein einziger Schuß.

Das Kriegsende kam für Mainz fast lautlos.

Der amerikanische Armeebericht vermeldete bei der Einnahme von Mainz nur halbherzigen Widerstand.

Die übermüdeten GIs der 90. Division hofften auf eine längere Verschnaufpause an den Ufern des Rheines, aber es kam anders.

Am 21. März hatten die Kampfspitzen der 5. US-Division bei Nierstein den Rhein erreicht. Major M. Weber und Hauptmann Hanske, denen auf deutscher Seite nur wenige Soldaten und einige Flakgeschütze zur Verfügung standen, waren geflohen.

Bürgermeister Dr. Scheller übergab Oppenheim kampflos der 5. US-Division. Am 14. März fand über dem Städtchen ein heftiger Luftkampf zwischen amerikanischen Mustang-Jägern und drei deutschen Messerschmitt-Jägern des III. JG 53, die vom Feld-Flughafen Darmstadt-Griesheim aufgestiegen waren, statt. Obwohl die veralteten Me-109-Jäger ohne nennenswerte Chancen waren, griff zumindest eine dieser Maschinen die amerikanische Übermacht mit großem Mut an. Es war die Maschine des jungen Leutnants Hans Alexander Henkell, der nach kurzem Kampf mit seiner Maschine im Kornsand abstürzte, das erste Opfer der deutschen Luftwaffe über dem Brückenkopf von Oppenheim.

In den nächsten Tagen und Nächten sollten noch 62 heftige deutsche Angriffe folgen, bei denen auch ein sogenanntes Mistelgespann zum Einsatz kam. Dabei handelte es sich um einen unbemannten Ju-88- oder He-111-Bomber, der von einem aufgebauten Jagdflugzeug ins Ziel gelenkt werden sollte. 33 Maschinen schoß die amerikanische Flak schon an den ersten beiden Tagen über dem Brückenkopf ab. Ihr Abwehrfeuer war bis Frankfurt zu sehen.

Nachdem Oppenheim in den Mittelpunkt des Kampfgeschehens gerückt war, kamen für Mainz einige ruhige Tage, denn schon am Morgen des 23. März setzte hektisches Treiben bei den Kolonnen der 90. Division ein. Patton zog alles an verfügbaren Truppen vor dem Brückenkopf von Oppenheim zusammen. Im Laufe des Morgens verschwand fast die gesamte 90. Division aus Mainz. Zur Sicherung blieb eine Militärpolizeieinheit der 90. US-Division in der Stadt. Einige Artilleriebeobachter verweilten noch am Rheinufer, und die 15,5-cm-»Long-Tom-Geschütze« auf der Essenheimer Höhe nahmen das rechtsrheinische Ufer unter gezieltes Feuer. Gegen 10 Uhr erhielt das Vierlinggeschütz auf dem alten Zollturm am Kasteler Ufer einen Volltreffer. Fast gleichzeitig feuerten die Kanoniere der leichten Artillerieeinheit des Artilleriebataillons 33 mit 7,5-cm-Geschützen neben dem Zollturm ihre letzte Salve und setzten sich ab.

Hätte es auf deutscher Seite noch eine taktische Aufklärung gegeben, so wäre eine Rückeroberung von Mainz mit den auf der Maaraue stationierten Truppen unter Oberst Pust ohne nennenswerte Verluste möglich gewesen.

Am frühen Nachmittag rückte allerdings die Vorhut der 26. US-Division (General Paul) vom XX US-Corps in Mainz ein. Damit hatten die Deutschen ihre letzte Chance einer Rückeroberung vertan.

Eine kleine Gruppe von Fallschirmjägern, die in der darauffolgenden Nacht über Mombach absprang, marschierte gleich in die Gefangenschaft. Obwohl die Maaraue und das ganze rechtsrheinische Ufer noch fest in deutscher Hand waren, beschränkten sich die Aktivitäten der deutschen Wehrmacht darauf, die Mainzer Seite zu beobachten.

Der Abschnitt zwischen Biebrich und Amöneburg wurde vom Alarmbataillon XIV unter Hauptmann Brackmann gehalten. Die Rettbergsaue und die Petersaue sicherten 30 Mann einer Polizeikompanie unter Hauptmann Wollschläger und dreißig Soldaten des Infanterieersatzregiments 87. Sie verhielten sich jedoch in Anbetracht der amerikanischen Übermacht völlig ruhig. Allabendlich meldete sich das Artilleriebataillon 33 aus Hochheim und feuerte eine obligatorische Salve ab.

Ein Geschoß aus einer 7,5-cm-Kanone streifte den Ostturm des Domes und hinterließ eine deutliche Schmauchspur Die Gläubigen, die sich am Sonntagnachmittag des 24. März im Seitenschiff des Doms gesammelt hatten, flohen vor den herabstürzenden Gesteinsbrocken. Mitunter wurden auch allzu vorwitzige Amerikaner, die sich zu nah an das Rheinufer heranwagten, von der anderen Seite direkt unter Feuer genommen. Mit Matratzen geschützt liefen sie deshalb über die frei einsehbaren Plätze am Rhein entlang, von umherstehenden Kindern belächelt.

Die Reste des Stabes der 7. Armee (General Hans Felber) hatten sich unter General von Gersdorff über den Rhein abgesetzt und richteten ihr Hauptquartier in Bensheim ein. Generalleutnant Fäckenstedt, Chef des Generalstabs des XII. Armeekorps, residierte in einem Haus am Neroberg in Wiesbaden. Er lud die Generäle der verstreuten Armeestäbe zu sich zum Mittagessen ein und ließ neben jedes Gedeck einen Feldstecher legen. Damit konnten die Stabsoffiziere das Kampfgeschehen auf der linksrheinischen Seite beobachten. Die bekannte Turnierreiterin Irmgard von Opel gab von ihrem Schloß Westerhaus bei Ingelheim per Telefon an den Stab von General Fäckenstedt Zahlen und Typen der vorbeifahrenden amerikanischen Panzer weiter: eine einsame Heldin der letzten Stunde.

Während Mainz zunächst ruhige Tage verbrachte, rollte die größte Heerschau dieses Krieges über das Kopfsteinpflaster der Straßen von Oppenheim. Sie stellte alles in den Schatten, was die alte, ehrwürdige Reichsstadt, die schon viele fremde Besetzungen über sich hatte ergehen lassen müssen, jemals an Menschen und Material gesehen hatte.

Am ersten Tag des Übersetzens hatte die 5. US-Division mit vier Regimentern einen Brückenkopf mit einer Ausdehnung von 40 Quadratmeilen gebildet. Die Dörfer Astheim, Geinsheim, Trebur, Wallerstätten, Leeheim und Erfelden gingen ver-

Sanitäter der 80. US-Division nehmen ihre Kameraden aus einem gesunkenen Sturmboot am Ufer auf (28. März 1945).

loren. Obwohl sich die Heranführung des Brückenmaterials über die wenigen, hoffnungslos verstopften rheinhessischen Straßen stark verzögerte, gelang es dem Brigadier J. F. Conklin, eine ihm zugeteilte Marine-Pioniereinheit mit zwölf Landungsbooten an den Rhein zu schaffen. Mit ihnen setzten die 90. Infanterie und die 4. US-Panzerdivision zu dem engen Brückenkopf über. In Toul (Frankreich) waren die Marinepioniere speziell für diesen Auftrag ausgebildet worden.

Nachdem am 22. März um 22.30 Uhr die 1. Kompanie des 3. Bataillons der 5. US-Division bei Oppenheim in Schlauchbooten den Rhein überquert hatte, schickte Patton alle verfügbaren Einheiten nach, um diese einmalige Chance zu nutzen. Seine Verluste betrugen nur 8 Tote und 20 Verwundete. Über die Pontonbrücke »Captain Love Bridge« bei Nierstein rollte der Nachschub der »Dritten«.

Am 26. März besetzte die 80. US-Division (Mc-Bride) vom XX. US-Corps die Stadt Mainz, um einen weiteren Brückenkopf am rechtsrheinischen Ufer vorzubereiten. Am gleichen Tage erreichte die 5. US-Division den Rhein-Main-Flughafen vor Frankfurt, der von den sich zurückziehenden deutschen Truppen noch in Brand gesteckt wurde.

Am Mittelrhein setzten bei Braubach-Boppard und bei St. Goar die 87. und 89. US-Division des VIII. US-Corps (Middleton) über den Rhein. Die Besatzung der Rheininsel Pfalz bei Kaub setzte sich mit einem 2-cm-Flakgeschütz heftig zur Wehr. Auch sie konnte natürlich den Ansturm einer ganzen Division nicht aufhalten. Gleichzeitig begannen die 45. und 3. US-Division der 7. US-Army (General Alexander M. Patch) nördlich und südlich von Worms mit dem Übersetzen.

Das VIII. Korps unter General Oriola wich unter dem heftigen Ansturm nach Osten in den Odenwald aus. Die Amerikaner hatten nun schon nördlich und südlich der Mainmündung Brückenköpfe gebildet. Sie attackierten jetzt die deutschen

Truppen, die noch immer im Rhein-Main-Bogen gegenüber von Mainz die Stellung hielten.

Zwei Tage lang türmten die Lastwagen der 80. US-Division Unmengen von Material und Waffen am Mainzer Rheinufer auf.

Die Pioniere des 317. Regiments fertigten aus dem angefahrenen Material ihre Sturmboote. Den deutschen Verteidigern auf der Maaraue blieben diese Vorbereitungen natürlich nicht verborgen, wenn sie auch den Aufmarsch der Pioniere in keiner Weise störten. In der Nacht zum 28. März, gegen 1 Uhr, begann der Angriff. Das 317. Regiment griff vom Fischtor aus an, während die Soldaten des 318. und 319. Regiments unter General McBride bei Nackenheim in die Boote stiegen. Gleichzeitig griffen Einheiten der 5. Division über die nur teilweise zerstörte Brücke von Hochheim aus den Rhein-Main-Bogen an.

Als die Boote sich der Maaraue näherten, wurden sie von den Deutschen mit heftigem Infanteriefeuer von Oberst Pusts Soldaten empfangen, unter das sich noch das Bellen der 2-cm-Flakgeschütze mischte. Einige Boote versanken in den Fluten des Rheines oder trieben steuerlos gegen die gesprengten Brückenpfeiler der Rheinbrücke oder an das besetzte linksrheinische Ufer zurück. Am nächsten Morgen schaukelten die durchschossenen Pontons, in denen noch tote amerikanische Soldaten lagen, auf den Wellen an den gefluteten Landestegen des linken Rheinufers.

Trotz der heftigen Gegenwehr auf die erste Angriffswelle waren die deutschen Kräfte so schwach, daß sie keinen anhaltenden Widerstand leisten konnten.

Er brach unter dem heftigen Artilleriefeuer und dem ständigen Beschuß der Tiefflieger völlig zusammen. General Gustav Höhne, der Befehlshaber des LXXXIX. Infanteriekorps, hatte in diesem Frontabschnitt nur die 276. Volks-Grenadier-Division mit etwa 400 Infanteristen zur Verfügung, dazu noch einige Einheiten mit »Stabs-Soldaten«, einigen Volkssturmmännern sowie zwei Polizei-Kompanien und einer Luftwaffen-Brigade mit einigen 2-cm-Flak-Geschützen. Darüber hinaus verfügten sie noch über zehn leichte Haubitzen. Gegenüber einer ganzen Division hatten diese schwachen Truppen natürlich keine Chance.

Die schwache deutsche Besatzung auf der Rettbergsaue setzte sich schon am frühen Morgen des 28. März ab, ohne einen Schuß abgegeben zu haben. Am gleichen Abend nahm die 80. US-Division Wiesbaden ein. Als Beute brachte sie 900 Gefangene und außerdem 4 000 Kisten Sekt aus einer Wiesbadener Kellerei mit.

Am gleichen Tag besetzten sie die Dörfer Kostheim, Kastel, Biebrich, Erbenheim, Bierstadt, Igstadt, Auringen, Hochheim, Wicker, Massenheim, Delkenheim und drangen an Wiesbaden vorbei entlang der Autobahn Frankfurt-Köln bis nach Camberg hin vor. Dort wäre es fast zu einem amerikanisch-amerikanischen Gefecht gekommen, denn Einheiten der 9. US-Panzerdivision des V. US-Corps der 1. US-Armee (Countrey H. Hodges) stießen, von Norden her kommend, ebenfalls in Richtung Camberg vor.

Durch das schnelle Einlenken Pattons wurde ein Gefecht zwischen dem 319. Regiment der 80. Division und der 9. Panzerdivision der 1. Armee vermieden.

Da die Amerikaner mit Vorliebe auf Autobahnen und Reichsstraßen erster Ordnung zum Angriff vorgingen, konnten sich die zurückweichenden deutschen Truppen auf Nebenstraßen besonders nachts noch ungehindert bewegen.

Teile der 6. SS-Gebirgsdivision gingen schrittweise, von Braubach her kommend, über die Wisper zurück und setzten sich im Rheingau fest, wo sie gegen die angreifenden US-Divisionen heftigen Widerstand leisteten. Einen Tag später, am 29. März, kämpfte sich die 80. US-Division im dichten Waldgebiet des Taunus bis auf die Orte Eltville, Neudorf und Georgenborn vor.

Die 89. Division besetzte, von Lorch her kommend, zunächst Bad Schwalbach. In Rüdesheim erkannte der NS-Gruppenführer die gefährliche Lage für seine Heimat und setzte den Rüdesheimer Volkssturm in Richtung oberer Rheingau in Marsch. Als am Nachmittag die Spitze gerade Oestrich erreicht hatte, eröffneten die Amerikaner vom Jakobsberg aus mit ihrer schweren Artillerie das Feuer.

Daraufhin machten die ergrauten Rüdesheimer Volkssturmmänner kehrt. Während die »Rüdesheimer Streitmacht« den Feind von Osten her erwartete, besetzte die 89. US-Division deren Heimatort Rüdesheim kampflos und ließ die gesamte

Diese 15jährige deutsche Sanitätshelferin nehmen Soldaten der 80. US-Division nach ihrem Übergang in Mainz am rechtsrheinischen Ufer am 29. März 1945 gefangen.

Bevölkerung auf dem Marktplatz antreten, um unter ihnen die gefürchteten SS-Soldaten der 6. Gebirgsdivision ausfindig zu machen. Damit endeten die Kampfhandlungen am 29. März im Rheingau.

Reste des 11. Jägerregiments der 6. SS-Gebirgsdivision schlichen sich nachts über die stark befahrene Autobahn zwischen Camberg und Idstein und setzten sich in Richtung Usingen ab.

Am gleichen Tag, als der letzte Schuß im Rheingau fiel, erreichten die Sturmspitzen der 4. US-Panzerdivision Lauterbach, weit im Norden von Frankfurt.

Bevor sich die deutschen Truppen endgültig aus Frankfurt zurückzogen, gab Reichsstatthalter Jakob Sprenger noch eine rauschende Party auf seinem Amtssitz in der Zeppelinstraße, und er erließ den Befehl, daß kein arbeitsfähiger Mann, keine arbeitsfähige Frau die Stadt verlassen dürften.

Diese Anordnung galt selbstverständlich nur für die Zivilbevölkerung sowie für die gemeinen Soldaten.

Die Folgen dieses Befehls sollte der 25jährige Obergefreite Tresen zu spüren bekommen, der ohne gültige Marschpapiere in seinem Fahrzeug angetroffen wurde. SS-Brigadeführer Kurt Ellersiek ordnete die sofortige Exekution des jungen Soldaten an; diese wurde am Abend des 25. März vollstreckt.

Auch hierbei tat sich ein Scharführer der SS besonders hervor, indem er dem am Boden liegenden, tödlich getroffenen Obergefreiten noch den Fangschuß gab.

Für Brigadeführer Ellersiek waren damit die Kampfhandlungen beendet, und er setzte sich mit der Kreisleitung nach Norden ab, um in Fulda unterzutauchen. Im Jahre 1961 tauchte er als Privatgelehrter Dr. Conrad Ehlers dort wieder auf; er wurde für seine »Heldentat« zu viereinhalb Jahren Gefängnis verurteilt.

Zur gleichen Zeit bereitete sich auch Reichsstatthalter Jakob Sprenger, der den Mainzern durch seine jahrelange »Tätigkeit« bestens bekannt war, auf seinen Abschied vor. Nachdem er alle Vorräte an Kognak, Zigaretten und anderen Dingen, die der Zivilbevölkerung schon seit Jahren vorenthalten wurden, im Hofe der Parteileitung an die Getreuen verteilt hatte, ließ er die Gauleitung anzünden und fuhr mit seinen trunkenen Gefolgsleuten aus Frankfurt in Richtung Bad Nauheim ab.

Zuvor hatten sie sich jedoch beim Heeresbeschaffungsamt in Frankfurt 300 Wehrmachtsuniformen bestellt, um ihre »Goldfasanentracht« in schlichtes Grau einzutauschen und so später, als einfache Soldaten getarnt, besser in Kriegsgefangenschaft untertauchen zu können. Jakob Sprenger, der Reichsstatthalter des Führers, beging beim Einmarsch der Amerikaner in Bad Nauheim Selbstmord.

Bis zum Ostermontag, dem 1. April 1945, war das ganze Rhein-Main-Gebiet kampffrei, und eine friedliche Stille lag über dem gesamten Raum, nur unterbrochen vom Läuten der Osterglocken in den wenigen noch erhaltenen Kirchen.

Ein letztes Mal erschien ein einsamer Jäger der deutschen Luftwaffe über dem Rhein bei Mainz und beschoß die im Bau befindliche »High-Way-Bridge«.

Für Mainz war der »tausendjährige« Spuk vorüber.

Nach dem Kriege vertraten ernstzunehmende Historiker die Meinung, daß der Bombenkrieg gegen die Zivilbevölkerung kaum Wirkung auf deren Moral zeigte. Dem ist der Stimmungsbericht des Chefs der Sicherheitspolizei Gestapo Darmstadt vom 13. April 1944 entgegenzuhalten:

»Aus Mainz wird berichtet, daß 14- bis 15-jährige Mädchen sich hintereinander von mehreren 17jährigen Burschen geschlechtlich gebrauchen lassen... Gründe: Den jungen Mädchen sei recht wenig von den Dingen geblieben, die früher den Großteil ihrer Gedankenwelt und ihres geselligen Vergnügens vor der Ehe ausgemacht hatten (Tanz, Mode...).

Von den Frauen und Mädchen, die in Luftnotgebieten leben, werde der Hang zum Sichausleben vielfach damit zu rechtfertigen gesucht, daß sie in gleichem Maße wie der Frontsoldat berechtigt seien, die an sich recht kargen Freuden dieses Daseins mitzunehmen, solange es ihnen noch vergönnt sei. Schon in der folgenden Nacht könne die feindliche Bombe ihr Leben oder zumindest ihr Heim zerstören.«

Damit hatte der später in den Adelsstand erhobene Sir Arthur Harris zumindest einen Teilerfolg erzielt, und die einrückenden GIs waren ihm sehr dankbar dafür.

5. Das Los der Besiegten

Die Information der Bevölkerung erfolgte über den Rundfunk und das OKW. Die häufigen Fliegerangriffe und der dauernde Stromausfall enthoben einen davon, die faustdicken Lügen dieses offiziellen Sprachrohres der deutschen Heeresführung anhören zu müssen.

Die Kenntnis der Ereignisse der letzten Wochen hatte selbst dem überzeugten Nazi ein ganz anderes Bild vor Augen geführt, als es der OKW-Bericht ihm vorspiegelte. Viele aber hatten eine jahrelange Übung im Interpretieren solcher Heeresberichte. Nun konnte man direkt prüfen, welchen Wahrheitsgehalt diese Meldungen hatten, denn das Geschehen spielte sich ja sozusagen vor der eigenen Haustüre ab, und es wurde offensichtlich, welche Lügen der Deutschlandfunk verbreitete.

Am 15. März 1945 meldete das OKW: »Zwischen dem Osburger Wald und dem Schwarzwälder Hochwald dauern schwere Abwehrkämpfe an.«

In Wirklichkeit war schon der Großteil der 7. Deutschen Armee überrollt und eingekesselt. Die Amerikaner waren in Simmern einmarschiert. Zwei Tage später wurden, laut OKW-Bericht, an der Moselfront feindliche Anschläge und Übersetzversuche zerschlagen. An diesem Tage standen die Amerikaner jedoch schon vor Bad Kreuznach. Das OKW meldete am 21. März in Bingen heftige Kämpfe, dabei war die Stadt zu diesem Zeitpunkt schon gefallen.

»Unsere Sicherungen in Rheinhessen haben sich nach Abschuß von zahlreichen Panzern (es waren zwei) vor Nieder-Olm von der Selz auf den Brückenkopf von Mainz zurückgezogen«, berichtete das OKW am 22. März.

Am Abend dieses Tages standen die Amerikaner in geschlossener Front von Remagen bis Worms am Rhein.

Laut Rundfunk waren einen Tag später in Mainz erbitterte Straßenkämpfe um die Zitadelle und den Gefechtsstand des Kommandanten im Gange.

Am 24./25. März 1945 schrieb die Rhein-Mainische Zeitung in Frankfurt unter der Überschrift: Besatzung von Mainz im tapferen Verteidigungskampf; schwere Kämpfe tobten in Mainz. Die nach heftiger Artillerievorbereitung auch mit schweren Kalibern konzentrisch angreifenden Nordamerikaner drangen trotz verbissener Gegenwehr der Besatzung von Nordwesten bis zum Hauptbahnhof und zur Stadtmitte vor. An der Zitadelle, am Fichteplatz und an der alten Kommandantur hielten die Verteidiger meist im Nahkampf über den ganzen Tag über ihre Stützpunkte. Immer wieder stellten Offizierstoßtrupps die Verbindung zu den einzelnen Kampftruppen her, so daß trotz des schweren feindlichen Drucks die einheitliche Führung des Widerstandes gewahrt blieb. In den Abendstunden schloß sich die Besatzung im Bereich des Gefechtsstandes des Kampfkommandanten enger zusammen. Die Amerikaner hingegen erwähnten in ihrem Armeebericht über Mainz: Halbherziger Widerstand.

Mit Sprengung der Kaiserbrücke, der Straßenbrücke und der sogenannten Südbrücke durch deutsche Truppen verlor die Stadt Mainz in der Nacht zum 18. März alle festen Verbindungen zum rechten Rheinufer. Bis zum Ende des Jahres 1945 schlugen die Amerikaner wieder fünf Brücken über den Rhein bei Mainz.

Nach dem spektakulären Rheinübergang von Pattons 3. Armee bei Oppenheim am 22. März verschwand Mainz zunächst aus den Meldungen über die letzten Kriegsereignisse auf dem linken Rheinufer. Mit dem ersten Brückenschlag am Tag des Übergangs der 80. US-Division, am 28. März, erhielt Mainz wieder eine Ponton-Brücke, die die erste Verbindung der beiden Rheinufer zwischen dem Kaisertor und der gesprengten Rheinbrücke wiederherstellte. Pioniere der dritten Cavallerie-Gruppe der dritten Schwadron erbauten sie an einem Tag. Es war die 18. Brücke über den Rhein.

Mag diese Ponton-Brücke auch nur strategischen Operationen gedient haben, so vermittelte sie den Mainzern doch das Gefühl, wieder mit dem rechtsrheinischen Teil der Stadt verbunden zu sein, obwohl kein Zivilist diese Brücke betreten durfte. Sie hatte jedoch ihren psychologischen Wert. Schon einen Tag später wurde das 718. Railway-Operating-Battalion, welches in Luxemburg stationiert war, auf Befehl nach Mainz verlegt.

Die Amerikaner erinnerten sich des hohen strategischen Wertes, den Mainz trotz seiner zerstörten Brücken besaß. Immerhin mündeten zu beiden Seiten des Rheins wichtige Eisenbahn- und Straßenverbindungen aus dem Hinterland. Vorerst rollte noch der gesamte Nachschub der Amerikaner quer durch Rheinhessen zu den Ponton-Brücken bei Nierstein und Oppenheim, die das gesamte Verkehrsaufkommen einer Armee zu tragen hatten.

Sie setzten alles daran, in Mainz eine Entlastung durch die Wiederherstellung einer stabilen Brücke zu schaffen. Gleichzeitig sollte das Schienennetz wieder instandgesetzt werden, um den Eisenbahnverkehr über den Rhein aufnehmen zu können und damit die Straßen Rheinhessens zu entlasten.

Das 718. Railway-Operating-Battalion fuhr im berüchtigten »Thirty-Miles-Raid« d. h. im 30-Meilen-Stunden-Tempo über die stark beschädigten Straßen. Der Konvoi, der in Luxemburg gestartet war, kam am 1. April in Mainz an.

Bevor das Gros des 718. Railway-Operating-Battalion in Mainz eintraf, hatten schon die Quartiermeister am Gründonnerstag die wenigen noch brauchbaren Wohnungen am Rheinufer für ihre erwarteten Kameraden räumen lassen. Den ankommenden GIs auf den Lastwagen bot Mainz das Bild einer Kraterlandschaft. Für tiefsinnige Betrachtungen blieb den Pionieren aber wenig Zeit. Zwei Brücken und die Eisenbahnstrecke nach Bad Kreuznach mußten in kürzester Zeit wiederhergestellt werden. Zu diesem Zwecke lagerten die Amerikaner Unmengen von Baumaterial, von überschweren Eisenträgern bis hin zu Bolzen, entlang des Rheinufers zwischen der Rheinbrücke und der Südbrücke.

Tag und Nacht rammten Dampfhämmer die Bohlen in das Flußbett des Rheines. Ungestört durch die deutsche Luftwaffe konnten die Amerikaner nach zehntägiger harter Tag- und Nacht-Arbeit General Patton am 14. April 1945 zwei Brücken übergeben.

Genau um 14 Uhr fuhr der erste Zug wieder über die Südbrücke Richtung Bischofsheim. Dort errichteten die Amerikaner einen Zentralbahnhof, in dem zeitweise 60 schwere Diesel-Loks stationiert waren. Zum Andenken an ihren kurze Zeit vorher verstorbenen Präsidenten Roosevelt nannten sie die neuentstandene Südbrücke »Franklin-D.-Roosevelt-Memorial-Bridge«.

Wenige Tage zuvor hatten sie eine Notbrücke über den Rhein geschlagen, indem sie kurzerhand eine Holzkonstruktion über die gesprengten Pfeiler, die im Flußbett lagen, errichteten. Als »High-Way-Bridge« erfüllte diese Brücke ihren Zweck bis zur Fertigstellung der »Alexander-M.-Patch-Bridge« am Kaisertor.

Gleichzeitig mit dem Brückenbau begannen die Pioniere, unterstützt von einigen deutschen Kriegsgefangenen und alten Reichsbahnern, die schwerzerstörten Gleis- und Betriebsanlagen im Mainzer Hauptbahnhof wieder einigermaßen in Gang zu setzen.

Aus den Tunnels mußten zu diesem Zweck ausgeglühte Waggons mit Planierraupen herausgezogen werden. Nach wenigen Tagen konnte der Fahrbetrieb, zumindest eingleisig, wieder aufgenommen werden. Allerdings zumeist mit amerikanischem Material, denn kurz vor Kriegsende hatten die Reichsbahner, dem sogenannten »Nero-Befehl« folgend, alle noch tauglichen beweglichen Gerätschaften über den Rhein abtransportieren und den Rest zerstören müssen.

Der rasante Wiederaufbau zweier Brücken über den Rhein konnte dennoch nicht darüber hinwegtäuschen, daß es sich bei diesen wenn auch stabilen Konstruktionen nur um Provisorien handelte. Als Besatzungsmacht in dem völlig besiegten Deutschland mußten sich die Amerikaner so gut wie möglich einrichten. Als die Franzosen am 9. Juli, nach ihrer im Jahre 1944 getroffenen Abmachung, in Mainz einzogen und die Verwaltung übernahmen, ging auch am 15. August 1945 der gesamte Eisenbahnverkehr an die 51. französische Feldeisenbahnabteilung über, das sogenannte »Détachement d'Occupation des Chemins de Fer«.

Bei Nierstein setzen GIs der 5. US-Division am 24. März 1945 deutsche Kriegsgefangene mit einem Ponton ans linke Rheinufer. Der Nachschub für die Front rollt über die Captain-Love-Bridge nach Osten (im Hintergrund). Viele deutsche Gefangene ertranken nach dem Kentern eines Pontons an dieser Stelle.

Der Bau von winterfesten Brücken wurde notwendig. Da den Franzosen schweres Gerät fehlte, übernahmen die Amerikaner den Bau auch dieses Mal. Das 333. Engineer-Special-Service-Regiment bezog zu beiden Seiten des Rheines, am Kaisertor und auf der Maaraue, Quartier, zumeist in großen Zelten. Die Pioniere begannen diesmal südlich der gesprengten Eisenbahnbrücke, eine winterfeste, eingleisige Eisenbahnbrücke zu errichten. Gleichzeitig baute am Kaisertor eine andere Abteilung des gleichen Regiments eine neue Straßenbrücke mit einer größeren Durchfahrtshöhe für die langsam wieder beginnende Schiffahrt.

Als am 18. Januar 1946, einem klaren, kalten Wintertag, in einer großen Feierstunde unter Ausschluß der deutschen Bevölkerung, aber in Anwesenheit der Oberkommandierenden der amerikanischen und französischen Streitkräfte in Deutschland, die beiden Brücken übergeben wurden, konnte Mainz Bilanz ziehen: 1945 hatte die Stadt drei Brücken verloren, dafür aber bis 1946 fünf neue bekommen. Die Straßenbrücke am Kaisertor erhielt den stolzen Namen »Alexander-M.-Patch-Bridge« und bestand bis zum Jahre 1962. Danach wurde sie, da sie ein lästiges Hindernis für die Schiffahrt darstellte, wieder abgetragen.

Das gleiche Schicksal widerfuhr auch den beiden Eisenbahnbrücken nach dem Wiederaufbau der Südbrücke im Jahre 1949. Die »Franklin-D.-Roosevelt-Memorial-Bridge« und die später neuerrichtete »C.-Marshall-Bridge« mußten ebenfalls der wiederauflebenden Schiffahrt weichen.

Der Einsatz so vieler Soldaten beim Bau der Brücken brachte für die Kommandierenden des 718. Railway-Operating-Battalion und später des 333. Engineer-Special-Service-Regiment noch Probleme ganz anderer Art. Die Regelung der Freizeit der Soldaten im total zerstörten Mainz bereitete den Verantwortlichen große Sorgen. Schon in den ersten Apriltagen des Jahres 1945 machten sich einige Trupps auf die Suche, um in der Trümmerwüste von Mainz eine Lokalität zu finden, in der sich die Soldaten nach Feierabend vergnügen konnten. In dem stark zerstörten Capitol-Filmtheater in der Neubrunnenstraße glaubten sie die geeignete Stätte zur Errichtung ihres Fronttheaters und Casinos gefunden zu haben.

Schon wenig später ließen die flotten Klänge der »Maine-Liners« die altersschwachen Wände erzittern und den Putz zu Boden rieseln.

Ein amerikanischer Sanitätswagen überquert die Pontonbrücke von Kastel aus zum Kaisertor. Im Hintergrund die ausgebrannte Kuppel der Christuskirche. Diese »Sunday Punch«-Treadway-Ponton-Brücke war mit 1865 Fuß die längste Notbrücke der Alliierten über den Rhein.

Auch eine Theatergruppe eines reisenden Fronttheaters versuchte mit einigen Sketchs die müden GIs bei Laune zu halten. Selbstverständlich suchten die Pioniere, die täglich die schweren Eisenbahnbohlen in das Flußbett des Rheines rammten, abends auch eine andere Art der Entspannung. Die zur Verfügung stehenden »Frolleins«, die sich für ein paar Zigaretten oder einen Riegel Schokolade mit den Boys vom 333. Engineer-Special-Service-Regiment verabredeten, waren dem Ansturm von soviel Männlichkeit nicht mehr gewachsen. So mußte der Stadtkommandant, Major Mertens, sich wohl oder übel etwas einfallen lassen. Obwohl es der Heeresführung der Amerikaner mißfiel und obwohl »non fraternisation«-Verbot bestand, gestattete er – der Not gehorchend – die Einrichtung eines Bordells.

In den feuchten Gewölben des Forts Malakow, in denen im Kriege 1870/71 schon die französischen Verwundeten gelegen hatten, richteten sich die »Damen« ein, so gut es ging. Diese Institution schien einen guten Ruf zu haben, denn es kam immer häufiger in der Uferstraße und der Tempel-hofstraße zu regelrechten Verkehrsstauungen und Parkplatzproblemen.

Nachdem das Freudenhaus den Winter 1945/46 mit einer zufriedenstellenden Geschäftsbilanz überlebt hatte, suchte sich »Madame« ein neues Quartier und zog im April 1946 mit ihren »Schwestern« in die Jakobsbergstraße 12 um.

Mit einem zweisprachigen Transparent vor ihrem alten Etablissement wies sie die verehrte Kundschaft auf den Umzug hin: »Mme Thinny avec ses Dames seront tranferrées en Avril Jakobsbergstraße 12. Miss Thinny move next month in Jakobsbergstraße 12.«

Außer diesen Belustigungen gab es für die Boys in der Ruinenstadt wenig Abwechslung, obwohl sich die Stäbe, die im beschlagnahmten Direktionsgebäude in der Kaiserstraße tagten, die größte Mühe gaben. In langen Pokernächten suchten die GIs ihr Glück. Auch die erste Rheinfahrt mit einem gehobenen Ausflugsschiff der weißen Flotte im August 1945 vermochte die Lage der sich langweilenden Soldaten nicht wesentlich zu bessern. Für viele GIs blieb nur der Alkohol. Um ihre

Vorstellung von »Rhein – gleich Wein« in die Wirklichkeit umzusetzen, sannen sie ununterbrochen darüber nach, wie sie an den begehrten Stoff kommen könnten. Und ihre Bemühungen hatten zumeist Erfolg, denn überall im Stadtgebiet fanden sich in den Kellern noch genügend alkoholische Getränke, die nur darauf warteten, abgeholt zu werden.

In der Kupferbergkellerei lagerten Restbestände der Firma Ribbentrop, die man jahrelang der notleidenden Bevölkerung vorenthalten hatte. Kurz vor Kriegsende mußten Wehrmachtsangehörige 12 Stückfässer mit edlem Cognac und mehrere tausend Flaschen Sekt auf einen kleinen Kahn verladen, der mit der deutschen Wehrmacht mainaufwärts den Rückzug antrat. Bei Lohr jedoch überholten die vorrückenden Amerikaner den langsamen Kahn und konfiszierten das kostbare Naß als Kriegsbeute.

Ähnlich fündig wurden sie in den großen Sektkellereien in Wiesbaden und im Rheingau. Selbst im Einsatz mochten sie nicht mehr auf einen guten Tropfen verzichten: eine deutsche Panzerjägerabteilung staunte nicht schlecht, als sie am 29. März 1945 vor Hammelburg am Main drei amerikanische Shermans abschoß und ihr die Besatzungen volltrunken entgegentorkelten.

Am gleichen Tag ließ Oberstleutnant Richardson, Kommandeur des 36. Panzergrenadierregiments der 3. US-Panzerdivision, 20 Panzer eines Battalions von Marburg aus nach Norden vorfühlen. Als die Panzer zurückkamen, wurde es schon dunkel, und Richardson wies seine ankommende Vorhut mit der Taschenlampe ein. Mit Mühe hielt der erste noch vor seinem Jeep – alle anderen fuhren auf. Wütend sprang er auf den ersten Panzer, leuchtete in den Turm und sah Schreckliches: Der Panzerkommandant starrte ihn mit gläsernen Augen an. In jeder Hand hielt er eine volle Flasche Sekt. Unterwegs war die Patrouille auf ein Sektlager gestoßen, welches sie ausgeräumt hatten.

Nur eine pädagogische Maßnahme ließ die Panzerfahrer wieder einen kühlen Kopf bekommen: mit offenen Luken mußten sie in die Nacht weiterrollen.

Die »Damen« vom Fort Malakow zeigen auf einem zweisprachigen Transparent ihren Umzug zur Jakobsbergstraße 12 an. Im Frühjahr 1946 wies dieses Plakat auf den bevorstehenden Umzug hin.

6. Besatzungsalltag

So lustig sich auch das Treiben der siegestrunkenen Besatzungstruppen gestalten mochte, für die Mainzer Bevölkerung gab es zu dieser Zeit wenig Erfreuliches.

An dem hektischen Treiben während dieser ereignisreichen Tage nahm die Mainzer Bevölkerung nur passiv teil. Wenn sie zu Aktivitäten aufgerufen wurde, dann höchstens zum Räumen der immer noch einigermaßen intakten Wohnungen. Noch vor Ostern belegten die Pioniere des 718. Railway-Operating-Battalion jeden verfügbaren Wohnraum entlang des Rheines. Für die dortigen Bewohner bedeutete dies, daß sie innerhalb von zwei Stunden ausziehen mußten, unter der Zurücklassung ihrer wenigen über den Krieg geretteten Habe. Diese konnten sie nach einigen Wochen – bei Quartierwechsel – in ihren Wohnungen, oft genug mit Bajonetthieben verziert, wieder in Besitz nehmen. Mit der Aufforderung »Raus« schafften sich dann die nachrückenden GIs Platz. »Russen mit Bügelfalten in den Hosen«, nannten die Betroffenen ihre »Untermieter«. In den Gärten der beschlagnahmten Gonsenheimer Häuser stocherten die wachhabenden Besatzungssoldaten mit ihrem Seitengewehren nach dem vergrabenen Schmuck der Vertriebenen Hausbesitzer und wurden oft fündig.

An den kriegerischen Ereignissen der letzten Tage bis zum Mai 1945 zeigte sich niemand sonderlich interessiert. Sechs Jahre lang Lügen anhören hatten die Mainzer abgestumpft. Die einzige Informationsquelle bildeten die hastig hergestellten Soldatenzeitungen der Amerikaner, die sporadisch von GIs vor der Kommandantur am Fischtorplatz 23 verteilt wurden und reißenden Absatz fanden. Die Zeitungen der 12. US-Heeresgruppe waren aber nicht als Lesestoff so begehrt, sondern als Anzündpapier beim Feuermachen und für sonstige hinterlistige Zwecke.

Bedingt durch den Ausfall des Stromes konnte sich auch niemand über den Rundfunk informieren. Und so nahm die Mainzer Bevölkerung an der großen »Götterdämmerung«, die die Führer des deutschen Volkes inszenieren wollten, nicht teil.

Drastische Ausgangssperre-Maßnahmen machten es den Menschen schwer, sich wieder frei in ihrer Stadt zu bewegen.

Der totale Ausfall der Versorgung von Wasser und Gas ließ ganze Kolonnen täglich in den Gonsenheimer und Ober-Olmer Wald wandern, um sich mit dem nötigen Brennmaterial für die Zubereitung einer warmen Mahlzeit zu versorgen. An den wenigen intakten Wasserstellen bildeten sich lange Schlangen von Wartenden. Wer nicht warten wollte, ging geradewegs zum Rhein und füllte sich dort seine Wassereimer. Der Genuß von unabgekochtem Wasser konnte so oder so tödlich sein, ganz gleich, woher das Wasser kam.

Für die Mainzer bedeutete der »Zeitensprung« zunächst rein äußerlich, daß sich die Warteschlangen vor den wenigen noch vorhandenen Geschäften vergrößerten. Zwar lief die Versorgung der Mainzer Bevölkerung einigermaßen an. Sogar auf die Zuteilung von Butter und Milch konnte man mitunter hoffen. Engpässe in der Versorgung traten aber deshalb auf, weil geeignete Transportmittel fehlten. Den Mainzern kam noch zugute, daß die Bauern der umliegenden Ortschaften bisher keine anderen Abnehmer für ihre Produkte gefunden hatten, die leicht verderbliche Ware aber absetzen mußten. Auch ließen sie sich von aufgebrachten Militärpolizisten einschüchtern, wenn sie die Mainzer Transportautos wieder leer zurückfahren lassen wollten. Dies änderte sich jedoch bald.

Durch die Räumung der Wehrmachtsdepots wenige Stunden vor dem Einmarsch der Amerikaner hatte sich mancher Haushalt für kurze Zeit mit seit Jahren vermißten Nahrungsmitteln versorgt.

Sehr bald sollten sich die ganze Aktivität und der Eifer der Mainzer Familien auf die Beschaffung des täglichen Brotes konzentrieren.

Die Mainzer Bahnhofshalle beim Eintreffen des 718. Railway-Operating-Battalions am 1. April 1945.

Die Ruine des Capitol-Filmtheaters diente als Casino dem 718. Railway-Operating-Battalion im April 1945 in der Neubrunnenstraße.

Autoverkehr auf der Großen Bleiche am 2. Mai 1945. Rechts die Ruine der Golden-Roß-Kaserne.

Straßenverkehr am Flachsmarkt im April 1945. Stolz versucht ein GI auf einem Beutemotorrad einen Behelfslieferwagen zu überholen.

Amerikanische Verkehrspolizisten der 90. US-Division regeln den Verkehr am Fischtor (April 1945).

Die Verkehrspolizisten privat vor ihrer Unterkunft in der Uferstraße im April 1945. V. l. Henry Stelling aus San Francisco, Georg Parson aus St. Paul und William Allen Wight aus Minnesota.

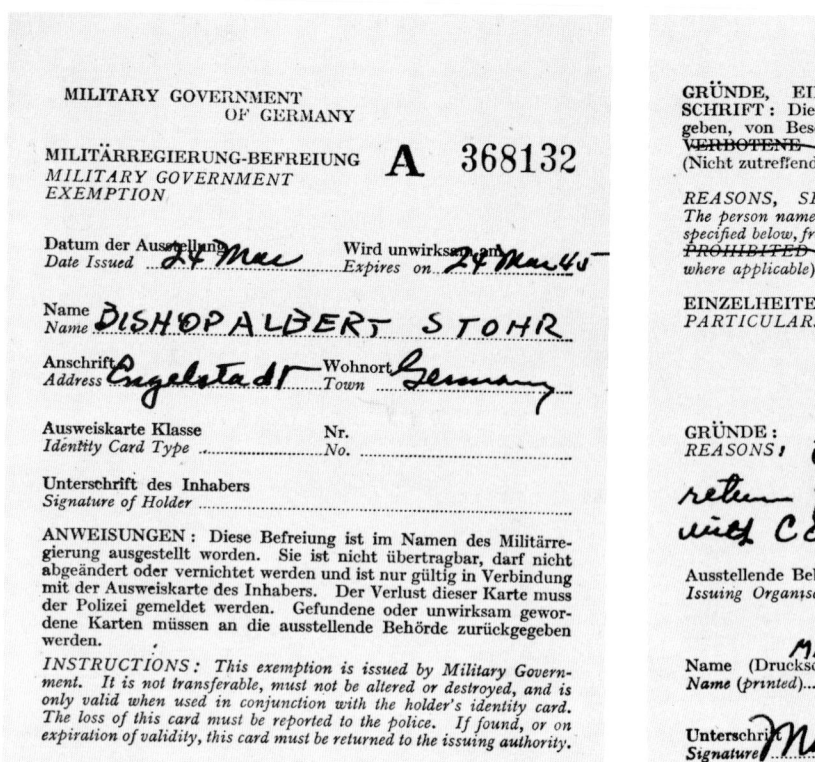

Mit diesem Erlaubnispapier holte der damalige Sekretär Dr. Hermann Berg in einem amerikanischen Jeep Bischof Stohr nach Mainz zurück.

Schnell wurde den Mainzern klar, wie abhängig sie von ihrem Umland waren. Und die Bauern des Umlandes, die ihren Lebensunterhalt früher ganz mit dem Handel mit Mainz bestritten hatten, ließen nun die Stadt kläglich im Stich. An einen Wochenmarkt war gar nicht mehr zu denken. Auch die Militärbehörden schränkten durch die von ihnen herausgegebenen und für jeden Amtsgang erforderlichen Erlaubnisscheine die Beweglichkeit der Bevölkerung stark ein. Ob Fahrten mit dem Fahrrad, Auto oder Pferdefuhrwerk, ohne Erlaubnispapier lief nichts und niemand.

Dem Sekretär des Mainzer Bischofs, Dr. Hermann Berg, gelang es am 24. März, versehen mit einem solchen Erlaubnispapier in einem amerikanischen Jeep den Bischof Albert Stohr von Engelstadt nach Mainz zurückzufahren.

Zu dem Schlangenstehen vor den wenigen Lebensmittelgeschäften kam noch das nervenzermürbende Warten vor den alliierten Behörden. Diese Situation sollte sich in den nächsten Wochen und Jahren kaum ändern. Mainz blieb praktisch unter Kriegsrecht. Erst zum Jahreswechsel 1947 hob die französische Militärregierung in der Anordnung Nr. 17 das Ausgehverbot auf.

Mit der wiedergewonnenen Freiheit konnten die Mainzer jedoch wenig anfangen, da das kulturelle Leben in der Stadt völlig darnieder lag.

Wer sich als »Otto Normalverbraucher« einigermaßen anständig durch sein bisheriges Leben geschlagen hatte, war gleich zweimal betrogen: einmal durch die Ideologie und die Phrasen des »tausendjährigen Reiches« und zum anderen nun auch noch durch die Willkür der Besatzungsmächte.

Über die einzuschlagende Besatzungspolitik der neuen Herrscher in Deutschland bestand zunächst unter ihnen völlige Unklarheit. Obwohl sich die Alliierten auf der Konferenz in Jalta darauf geeinigt hatten, daß Deutschland bedingungslos kapitulieren müsse, und der ehemalige amerikanische Finanzminister Morgenthau einen Plan entworfen hatte, durch Demontage der Industrie Deutschland in einen Agrarstaat zurückzuverwandeln, war schon in den ersten Tagen nach dem Einmarsch der Amerikaner in Mainz eine klare Linienführung der Besatzungsmacht nicht zu erkennen. Um ihre hochgesteckten Ziele einer Redemokratisierung verwirklichen zu können, hätten sie, die Amerikaner, die gesamte Leitung des besetzten Landes, von der obersten Behörde bis zur kleinsten Dienststelle, selbst übernehmen müssen. Aber dazu sahen sie sich nicht in der Lage.

Schon einen Tag nach der Besetzung von Mainz drangen amerikanische Truppen in das Haus Nr. 8-10 am Drususwall ein und forderten den zu Tode erschrockenen Heinrich Schunk mit vorgehaltenem Karabiner auf: »Du Bürgermeister von diese Dorf.«

In den folgenden Tagen wurde Schunk schon früh morgens mit einem amerikanischen Jeep – unter Bewachung – aus seinem Haus abgeholt und zur Kommandantur am Fischtorplatz gebracht, die zu dieser Zeit noch im Schußfeld der deutschen Scharfschützen auf der Maaraue lag. Der gelernte Schlosser Schunk hatte wenig mit den Behörden im Sinn und war heilfroh, als ihn die Amerikaner nach fünf harten Tagen in Ehren entließen. Als Entgelt für seine während dieser Dienstzeit geleistete Arbeit boten sie ihm die verlassene Wohnung eines Nazi-Bonzen an. Schunk lehnte jedoch ab. Alle Achtung!

Er mußte sich während seiner kurzen Amtszeit hauptsächlich um die Bestattung von toten deutschen Soldaten und Zivilpersonen kümmern, die noch überall im Gelände und in den Straßen von Mainz lagen. Dies schien wegen des Fehlens geeigneter Fahrzeuge eine schier unlösbare Aufgabe zu sein.

Die Instandsetzung der Kraftwerke auf der Ingelheimer Aue war wegen der großen Zerstörung zunächst nicht möglich. Die Räumung der Straßen von Schutt und liegengebliebenem Kriegsmaterial ging nur langsam und mühselig vonstatten, da Transportmittel und Bagger fehlten. Die zurückgebliebene amerikanische Besatzung hatte weder die erforderlichen Mannschaften noch genügend Gerätschaften zur Verfügung, um hier wirkungsvolle Unterstützung zu leisten.

Trotzdem machten die Besatzer die größten Anstrengungen und hielten weitere Ausschau nach deutscher Verwaltung auf der untersten Ebene, um das Stadtgebiet durch Deutsche, aber nach amerikanischem Willen, verwalten zu lassen. Der »13er-Club«, ein Zusammenschluß aus Verwal-

Der Zollhafen. Im Hintergrund die gesprengte Kaiserbrücke. Im Vordergrund versenkte Schiffe und Kähne an der gesprengten Kaimauer des Zollhafens.

tungsbeamten und Antifaschisten, war wohl das erste demokratische Gremium, welches im befreiten Mainz tagte. Eine zentrale Rolle in der deutschen Verwaltung spielte die Schaffung des Office of Work (Arbeitsamt) und der Polizei.

In beiden Stellen sahen die Amerikaner hauptsächlich Ordnungsmächte zur Erfüllung der unbequemen Aufgaben, die sie den bestellten Leitern übertrugen.

Das Arbeitsamt stand vor der unmöglichen Aufgabe, Arbeitskräfte zu beschaffen. Es waren einfach keine vorhanden, denn die Männer im arbeitsfähigen Alter saßen als Soldaten in den Gefangenenlagern und wurden streng bewacht.

Die Polizei mußte als neue Ordnungsmacht – eingekleidet in eingefärbte Wehrmachtsuniformen und versehen mit einer Armbinde – mithelfen, die Stadt von Plünderern freizuhalten. Eine weitergehende Machtbefugnis hatte sie nicht, aber ihre Aufgabe war ohnehin schwierig genug, da immer mehr Rücktransporte mit von den Nazis deportierten Fremdarbeitern auf dem Hauptbahnhof hielten und die Insassen der Züge in die Stadt ausschwärmten, um alles Brauchbare aus den Wohnungen zu plündern.

Den Personalbestand der ersten Polizeitruppe konnte man als abenteuerlich bezeichnen. Neben wenigen ausgebildeten Polizisten, die keine Nazis gewesen waren, fanden sich in dieser Gruppe entlassene Soldaten, ehemalige KZ-Häftlinge, aber auch untergetauchte Gestapo-Leute, die sich in der neuen Uniform zu verstecken suchten, wie die ehemaligen Gestapo-Männer Otto Pfeiffer und Peter Eisenhauer.

An die Ausbildung und Schulbildung der ersten Polizisten wurden keine weiteren Anforderungen gestellt. So ist es nicht verwunderlich, daß die Anordnungen der Polizei nach dem Ermessen des einzelnen Polizisten ausfielen, nicht selten genug zu deren eigenem Nutzen.

Der fast 66jährige ehemalige Polizeirat Felix Steigerwald, der am 7. April 1933 in Pension geschickt worden war, übernahm nun den Dienst des Leiters der Verwaltungspolizei und des Stellvertreters des Polizeidirektors. Diese Position behielt er bis zu seiner endgültigen Pensionierung am 1. September 1949 bei. Polizeichef von Mainz wurde der spätere Minister Jakob Steffan, der während des Krieges wegen seiner Zugehörigkeit zur sozialdemokratischen Partei zeitweise im KZ inhaftiert gewesen war.

Die Besatzungsbehörden fungierten nebenbei ebenfalls noch als Polizeimacht und hatten eigene Vorstellungen in bezug auf die Einstellung der Polizeibeamten: als einige Männer am schwarzen Brett des Gonsenheimer Rathauses die Bekanntmachungen lasen, befahl kurzerhand ein amerikanischer Offizier, der aus einem oberen Stockwerk des Rathauses herausschrie, die Leute zu sich.

Bereits zehn Minuten später versahen sie – mit einer Armbinde geschmückt – als Polizeibeamte den Streifendienst.

Erst viel später fanden sogenannte Einweisungslehrgänge statt, und allmählich entwickelte sich die Polizei zu einer echten Ordnungskraft.

Jakob Steffan wurden schon im Mai 1945 von den Amerikanern die Aufgaben eines Regierungspräsidenten übertragen. Zuvor stellte er einen sogenannten Stellenplan auf, in dem immerhin 259 Beamte für die Hilfspolizei eingeplant waren. Auch 25 Kriminalbeamte gehörten zur neuen Ordnungsmacht. Die Polizisten trugen eine Armbinde mit der zweisprachigen Aufschrift: »MR-Polizei/MG Police« (Mainz-Rhein-Polizei/Mainz-General-Police). Der Sitz der Polizeidirektion Mainz war bei der Stadtverwaltung in der ehemaligen Kunst- und Gewerbeschule.

Trotz der verhältnismäßig großen Anzahl von Polizisten beschränkte sich deren wesentliche Aufgabe auf die Aufräumungsarbeiten, die Schuttbeseitigung sowie die Verhinderung von Plünderungen und die Kontrolle über die Einhaltung der Sperrgebiete und Sperrzonen.

Den schwierigsten Auftrag erhielt die neugebildete Polizeieinheit im Frühjahr 1946, als die französische Militärregierung die Requirierung von 150 Fahrrädern anordnete. Ahnungslose Bürger, die mit ihren noch fahrtüchtigen Vehikeln durch die wenigen trümmerfreien Straßen von Mainz radelten, sahen sich plötzlich harten Verkehrskontrollen ausgesetzt, und bei der geringsten Beanstandung, was bei der Materialknappheit zur damaligen Zeit nicht schwer war, verloren sie ihre Fortbewegungsmittel. Erst mit der Lockerung der harten Bestimmungen der Besatzungsmächte konnte sich die Mainzer Polizei – die damals noch

Die High-Way-Bridge auf Holzjochen der gesprengten Straßenbrücke. Im Vordergrund die ausgebrannte Feuerwehrschule in Kastel.

eine Einrichtung der Kommune war – wieder als eigenständige Ordnungsmacht entwickeln.

Ähnliche Probleme hatte das neugeschaffene Arbeitsamt unter der Leitung des späteren Oberbürgermeisters Stein zu lösen.

Ständig forderten die Besatzungsmächte für alle möglichen Aufgaben Arbeitskräfte an. Nur in äußersten Notsituationen durften kriegsgefangene Soldaten aus dem Hechtsheimer Lager für dringende Arbeiten abgestellt werden.

So zum Beispiel beim Großeinsatz der Wiederherrichtung der ehemaligen Flakkaserne, die als neue Universität dienen sollte.

Zum Einzugsbereich des Mainzer Arbeitsamtes gehörte der ganze rheinhessische Raum von Bingen bis Worms und das Gebiet vom Rheingau aus nach Osten bis kurz vor Frankfurt. Dadurch lagen eine Reihe großer Industriewerke im Bereich des Mainzer Arbeitsamtes, zum Beispiel die stark zerstörten Opelwerke in Rüsselsheim, die Kostheimer Zellulosewerke und die Chemischen Werke Albert in Amöneburg.

Obwohl nach einem alliierten Erlaß alle brauchbaren Industriewerke in Deutschland und erst recht alle Werke, die kriegswichtiges Gerät hergestellt hatten, demontiert werden sollten, handel-

Die Alexander-Patch-Bridge am Kaisertor kurz vor ihrer Fertigstellung im Dezember 1945.

ten die Amerikaner beim Opelwerk in Rüsselsheim ganz anders.

Major Roy L. Stith richtete am 23. April 1945 einen persönlichen Brief an den Werksleiter der Opelwerke, Heinrich Wagner. Er forderte ihn – unter der Androhung härtester Strafen – auf, binnen kürzester Zeit das Opelwerk wieder in Betrieb zu nehmen. Dies widersprach ganz und gar der damaligen Praxis des Demontierens. Vermutlich hatte hier einer der amerikanischen Aktionäre die Hand von Major Roy L. Stith geführt.

Auch die Stadtverwaltung Mainz versuchte trotz größter Schwierigkeiten sich in der fenster- und türlosen Kunstgewerbeschule nach besten Kräften wieder einzurichten. Unter unvorstellbaren Schwierigkeiten begann sie ihre Verwaltungstätigkeit und den zaghaften Wiederaufbau der zerstörten Stadt. Erschwerend machte sich dort das Fehlen der Büroeinrichtung bemerkbar, die die Nazis, noch in den letzten Tagen vor dem Zusammenbruch, nach Miltenberg am Main abtransportiert hatten, wodurch sie für die Mainzer Behörden unerreichbar war.

Alle Verfügungen und Erlasse kamen von der amerikanischen Ortskommandantur aus dem Haus Nr. 23 Ecke Fischtor/Uferstraße.

Stadtkommandant Major Clarence G. Martens überschüttete die Mainzer mit einer Fülle von Formularen und Bescheinigungen, die seinen eingedruckten Namen trugen.

Als Verwaltungsoffizier war er für seine zukünftige Aufgabe schon im Herbst 1944 in den Vereinigten Staaten vorbereitet worden. Nun stand er dem Military Government Detachment G2 B2 der APO 658 US-Army für den Land- und Stadtkreis Mainz vor.

Am 27. März 1945 setzten die Amerikaner den Regierungsrat des ehemaligen Kriegsentschädigungsamtes, Dr. Walter, als Oberbürgermeister der Stadt Mainz ein.

Der »Fünf-Tage-Bürgermeister« Karl Schunk war froh, sein ungeliebtes Amt in andere Hände übergeben zu können. Er ging nun wieder seinem Handwerksberuf in der Aktienbrauerei nach.

Die Amtszeit des neubestimmten Oberbürgermeisters Dr. Walter stand unter keinem guten Stern. Zu groß waren die Schwierigkeiten, die sich ihm in den Weg stellten. Er war nicht der Mann der ersten Stunde, sondern der Stunde »Null«. Wo er zupacken wollte, griff er ins Leere bzw. auf die allgegenwärtige Bürokratie der Amerikaner, die einer deutschen in nichts nachstand.

Blick von der Roosevelt-Bridge auf die Trümmer der gesprengten Südbrücke im April 1945.

Alle Versuche, Arbeitskräfte für die Beseitigung der Trümmerberge und anderer Schäden zu beschaffen, scheiterten deshalb, weil keine Leute zur Verfügung standen.

Die berufstätigen Jahrgänge lagen entweder auf den Friedhöfen, bevölkerten die Lazarette oder bildeten das Riesenheer der elf Millionen deutscher Kriegsgefangener, die in den Kriegsgefangenenlagern dahinvegetierten, während in der Heimat dringend jede Arbeitskraft gebraucht worden wäre. Als Arbeitskräftereservoir blieben also nur die älteren Jahrgänge, und denen war durch die Kriegsereignisse, den Verlust von Familienangehörigen und ihres Besitzes, Hunger und Entkräftung, der Elan genommen.

Wo es nur irgend möglich war, mußten Frauen mit anpacken. Hier standen plötzlich Berufssparten offen, die ihnen seit Jahrzehnten verwehrt gewesen waren. Das Jahr 1945 feierte einen neuen Berufsstand: die Trümmerfrau!

So abrupt, wie die Amtszeit von Dr. Walter begann, so endete sie auch. Der französische General Bouley fuhr im Sommer 1945 zum zweiten Mal durch die Stadt und war über die Schuttmassen, die noch an der gleichen Stelle lagen, so erzürnt, daß er Dr. Walter zum 17. August 1945 fristlos aus seinem Amt entließ – mit der kurzen Bemerkung: »Sehen Sie hiermit Ihre Tätigkeit als beendet an!«

Dieser und ähnliche Vorfälle kennzeichnen treffend die Situation des Jahres 1945 und die damit verbundene Willkür der Besatzungsmächte. An Stelle von Dr. Walter setzte General Bouley den ehemaligen badischen Landtags-Abgeordneten Dr. Kraus als neuen Oberbürgermeister ein.

Doch die Probleme blieben die gleichen. Auch die Aufgabe des dritten Bürgermeisters, den Mainz seit der Kapitulation erhielt, bestand darin, das Chaos der Nachkriegszeit zu verwalten.

Erst am 22. September 1946 wählten ihn die am 15. September neu gewählten 36 Stadträte im neuen Mainzer Stadtparlament offiziell zum Oberbürgermeister der Stadt Mainz. In seine Amtszeit fiel die Wiedereröffnung der Johannes Gutenberg-Universität, die auf dem Gelände der ehemaligen Flakkaserne an der Saarstraße aufgebaut und am 26. Mai 1946 eingeweiht wurde.

Aber auch ihm war die Ehre nicht vergönnt, Stadtoberhaupt von Mainz in einer sich stetig bessernden Zeit zu bleiben. Bei der zweiten Oberbürgermeister-Wahl nach dem Kriege, am 21. Februar 1949, unterlag er seinem sozialdemokratischen Gegenkandidaten Franz Stein.

Die Marshall-Bridge im Bau. Dahinter die Roosevelt-Bridge und dazwischen die Trümmer der am 18. März 1945 von deutschen Truppen gesprengten Südbrücke. Vor der Maaraue liegen noch gesprengte Lastkähne auf Grund.

Einweihungsfeier unter Ausschluß der Deutschen für die C.-Marshall-Bridge am 18. Januar 1946. Der Pavillon trägt die Aufschrift »333«; das Zeichen für das 333. Poinierregiment.

Mit der Linie 2 zur neuen Bildungsstätte (Universität 1946). In den fünfziger Jahren wurden die neu verlegten Gleise wieder abgetragen. Ein führerloser Anhänger dieser Linie raste bis zum Münsterplatz, zum Glück ohne Schaden.

Trotz großer Anstrengungen gelang es keinem der Nachkriegs-Oberbürgermeister von Mainz, den Willkürakt der Besatzungsmächte vom 5. Juni 1945 rückgängig zu machen und die am 9. Juli 1945 abgetrennten AKK-Vororte von Mainz (Amöneburg, Kastel, Kostheim, Ginsheim, Gustavsburg, Bischofsheim) zurückzuführen.

Mit dem Nachrücken der Franzosen in Mainz war der Grundgedanke, eine französische Ostgrenze entlang des Rheines zu ziehen, wieder in greifbare Nähe gerückt.

Schon im August 1944 trat der Panzergeneral der französischen Armee, de Gaulle, an die Co-Alliierten mit der Forderung heran, Frankreich an der Aufteilung des noch zu besetzenden Deutschlands zu beteiligen.

Als Gegenleistung bot er dem alliierten Oberkommando die Aufstellung einer neuen französischen Streitmacht an, die sich hauptsächlich aus algerischen und marokkanischen Kolonialtruppen sowie Einheiten des »Maquis« (französischer Widerstand) zusammensetzte. Er unterstellte diese erste französische Armee dem Oberkommando von Dwight D. Eisenhower. Die Amerikaner gingen auf die Forderungen de Gaulles ein, da durch diese Armee ihre Streitmacht zahlenmäßig verstärkt wurde, denn sie waren nicht gewillt, unnötig amerikanisches Blut für die Befreiung Europas fließen zu lassen. Sie unterstützten ihre neuen, mittellosen Verbündeten großzügig mit Gerät, Lebensmitteln und Munition.

Geschickt schob sich General de Gaulle als vierte alliierte Besatzungsmacht an den Verhandlungstisch von Jalta. Hier mußten allerdings die drei Westalliierten von Stalin eine harte Enttäuschung hinnehmen, denn dieser erklärte sich nicht bereit, das noch zu befreiende deutsche Reich unter vier gleichberechtigte Partner aufzuteilen.

Er willigte nur ein, daß das den beiden Westalliierten, den Amerikanern und den Engländern, zustehende Gebiet nun unter den drei West-Alliierten aufgeteilt werden könne.

Am 9. Juli 1945 war Zahltag: Mainz wurde französisch, wie schon so oft in der Geschichte. Aus Mainz wurde wieder einmal »Mayence«.

Vor einer angetretenen amerikanischen Ehrenkompanie vor der Kommandantur am Fischtor 23 gingen in einem kurzen Zeremoniell die »Stars and

General de Gaulle grüßt die Fahne der 3. algerischen Division vor dem Kaisertor während der Parade.

Das Musikkorps der 3. algerischen Infanteriedivision paradiert vor General de Gaulle am Kaisertor. Voran marschiert der Leithammel.

Stripes« herunter und die »Trikolore« hoch. Mit der amerikanischen Flagge sanken auch gleichzeitig für die Mainzer die Hoffnungen auf eine Besserung ihrer Lebensverhältnisse.

Mainz wurde wieder zum Eckpfeiler der französischen Expansions- und ihrer besonders geprägten Rheinpolitik. Separatistische Tendenzen tauchten auf, jedoch wesentlich verhaltener als nach der Besetzung von 1919. Zugleich zeigten die Franzosen ihren Verbündeten, was man aus einer Besatzungszone herausholen konnte. Mit geharnischten Abgabeforderungen traten sie an die schon arg gebeutelte Zivilbevölkerung heran. Verordnung jagte Verordnung, Abgabeaufrufe lösten sich in ununterbrochener Reihenfolge ab. Über die Einhaltung wachten 8000 cadres (leitende Angestellte) und Tausende von Hilfskräften der L'Administration Militaire Francaise.

Ob Kunstgegenstände, die angeblich aus französischem Besitz stammten, oder Fahrräder, bis hin zu den letzten Fünf-Mark-Stücken in Silber: die Besatzungstruppen ordneten Abgaben an. Ob sinnvoll oder nicht. – Hauptsache, sie fanden Genugtuung für die erlittene Schmach, die ihnen durch die deutsche Besatzung während der letzten fünf Jahre zugefügt worden war.

In dem waldarmen rheinhessischen Hügelland verschwanden in dieser Zeit die wenigen Wäldchen völlig. Die Franzosen steigerten den Holzeinschlag um 350 Prozent.

Während im nördlichen Teil des ehemaligen Reichsgebietes die Briten große Versorgungsprobleme in ihrer Zone zugaben und einen Tausch mit den Amerikanern erwogen, zeigten die französischen Besatzer solche Skrupel nicht.

Nur mit Hilfe der Amerikaner und erheblichen Mengen von Nahrungsmitteln konnten die Engländer die Bevölkerung in ihrer Zone einigermaßen gesundhalten.

Auch in der amerikanischen Zone wurden die Menschen ausreichend versorgt. Die Amerikaner zeigten sich wesentlich großzügiger als die Franzosen. Als die Franzosen am 9. Juli 1945 die Stadt Mainz besetzten, überließen sie von dem beschlagnahmten Vieh den Metzgern lediglich die Knochen und Innereien zur Wurstherstellung für die Mainzer Bevölkerung.

Die Mainzer lernten sehr schnell, sich auf die

General de Gaulle, rechts dahinter General Koenig und Armeeminister André Diethelm bei der Parade am Kaisertor am 4. Oktober 1945.

neue Besatzungsmacht einzustellen, und nur ganz wenige Verängstigte und Schüchterne erfüllten die sinnlosen Auflagen.

Einen Großteil der Bevölkerung trafen die Verordnungen sowieso nicht; die Bomben waren den Franzosen schon zuvorgekommen.

Zur Durchsetzung ihrer Forderungen dienten den französischen Dienststellen die von ihnen eingesetzten Beamten in den deutschen Behörden. Gerieten die Lieferungen ins Stocken, so wechselte man einfach die Personen aus.

Charles de Gaulle besuchte das ihm nunmehr unterstehende Gebiet im Herbst 1945. Zu einem solchen Anlaß mußte natürlich der entsprechende Rahmen geschaffen werden. Der französische Kommandant Dupére erließ am 28. September 1945 einen zweisprachigen Befehl an die neugeschaffene Mainzer Polizei und dazu noch eine Interpretationshilfe an den Oberbürgermeister der Stadt Mainz. Dieser Befehl hatte folgenden Wortlaut:

»1. Weg
Rheinstraße, Fischtorplatz, Fischtorstraße, Liebfrauenstraße, Ludwigsstraße, Schillerplatz, Schillerstraße, Münsterplatz, Binger Straße.

2. Polizei
Alle Polizisten in Uniform (weiße Handschuhe) werden Spalier bilden. An jeder Straßenkreuzung muß ein Polizist stehen (Straßenecke).
Die Polizisten werden mit dem militärischen Gruß grüßen.

3. Zivil
Zivilpersonen dürfen nur auf den Bürgersteigen gehen und müssen bei der Vorbeifahrt des Generals stehenbleiben und den Hut abnehmen (!!!).

4. Verkehr
Ein Zivilwagen darf auf dem angezeigten Wege weder fahren noch dort stehen.

5. Beflaggung
Alle Häuser des oben angegebenen Weges müssen in den französischen und rheinhessischen Farben flaggen. Eine große Trikolore wird auf dem Dome wehen. Masten mit Bannern werden den Liebfrauenplatz schmücken. Das Datum wird später bekanntgegeben.«

Wenige Tage später erging ein Abänderungsschreiben an den Oberbürgermeister von Mainz folgenden Inhalts:
»Die Aufzugs-Straßen werden folgende sein: Eisenbahnbrücke in der Nähe des Bahnhofs, Münsterplatz, Große Bleiche, Rheinallee.

Vorbeimarsch der Truppen über Rheinallee, Kaiserstraße, Horst-Wessel-Straße, Platz der Reichsbahndirektion, Schottstraße, Aliceplatz, Münsterplatz, Schillerstraße, Schillerplatz, Ludwigsstraße, Marktplatz, Rheinstraße.

Um den eingeladenen Personen den Zutritt und Teilnahme am Empfang zu ermöglichen, werden Ihnen Pässe zugestellt, die Sie mit dem Namen der betreffenden Personen versehen und vollständig ausfüllen werden.

Ich setze fest, daß die Behörden um 9 Uhr an der Reichsbahndirektion sein sollen.

Die Schulkinder sind ganz besonders eingeladen, der Parade beizuwohnen.

Sie werden gebeten, ein namentliches Verzeichnis der eingeladenen Persönlichkeiten bei sich zu tragen.«

Wer in der anbefohlenen Zusammenkunft von Vertretern der Mainzer Verwaltung, der Kirche und sonstiger wichtiger Persönlichkeiten mit der Besuchergruppe von de Gaulle schon Zeichen für die Grundsteinlegung eines neuen, freien Europas sehen wollte, der war wohl seiner Zeit um zwanzig Jahre voraus.

Wenige Wochen nach diesem Ereignis mußten die Mainzer eine weitere Katastrophe verkraften. Am 17. November 1945 stürzte – ohne vorherige Anzeichen – der Ostteil der Holztorschule an der Rheinstraße ein und begrub die 8. Mädchenklasse mit ihrer Lehrerin und dem zufällig anwesenden Rektor Schröder unter sich. Katastrophen fördern Menschliches zutage; was auf höchster Ebene durch die Borniertheit der Sieger nicht möglich war, gelang den französischen Besatzungssoldaten innerhalb eines Tages. Nach dem Zusammenbruch des Dritten Reiches gab es in Mainz keinen geordneten Rettungsdienst mehr. Trotzdem schaffte es die Besatzungsmacht in Zusammenarbeit mit den städtischen Behörden und der Bevölkerung, hier Übermenschliches zu leisten. Alle verfügbaren französischen Soldaten gruben Schulter an Schulter mit der Mainzer Bevölkerung nach den verschütteten Mädchen. Eine schnelle Bergung hätte den Einsatz von schwerem Gerät erfordert, aber dieses fehlte den Franzosen, von deutschen Stellen ganz zu schweigen. So gruben die Franzosen, unter ihnen ein junger Leutnant, bis zur völligen körperlichen Erschöpfung nach den Verschütteten. Erst am Abend dieses traurigen Tages informierten die Helfer die an der Südbrücke arbeitenden Amerikaner, die wie immer in solchen Fällen sofort ihr schweres Pioniergerät mitsamt Mannschaften zur Verfügung stellten. Als nach vierundzwanzigstündiger Arbeit die letzten Opfer geborgen waren, konnten die entkräfteten Helfer nur noch die traurige Bilanz ziehen, daß für 17 Mädchen jede Hilfe zu spät kam. Unter großer Anteilnahme der Bevölkerung und der alliierten Helfer wurden die Opfer auf dem Hauptfriedhof beigesetzt. Dieses katastrophale Ereignis, das Mainz in den schweren Tagen erschütterte, brachten Bevölkerung und Besatzer zumindest auf der unteren Ebene menschlich näher.

Diese änderte jedoch nichts an der schwierigen Versorgungslage der Mainzer Bevölkerung. Waren es noch während des Sommers hauptsächlich

Die Generäle Monsabert und Servez auf der Ehrentribühne am Bruchweg anläßlich eines Sportfestes von französischen Soldaten am 7. September 1946.

Langlauf französischer Besatzungssoldaten beim Sportfest am 7. September 1946 im Stadion am Bruchweg.

Ausweiskontrolle an der Alexander-Patch-Bridge am Kaisertor 1946 durch französische Grenzpolizisten.

Fahrradkontrolle: Bei Mängeln wurde das Rad requiriert.

die Nahrungsmittel, die fehlten, so kam mit Beginn der kalten Jahreszeit noch der Mangel an Brennstoffen hinzu. In langen Kolonnen zogen die Mainzer und Karren und Leiterwagen zum Ober-Olmer Wald, um sich dort einige nasse Äste des abgeholzten Waldes zu sichern.

Viele Bauern des Umlandes nutzten die Lebensmittelknappheit als Gunst der Stunde und hielten ihre Produkte immer mehr zurück. Daran änderte auch der dramatische Aufruf des Regierungspräsidenten Stefan nichts, der sie an die Erfüllung ihrer Abgabepflichten mahnte. Wanderte noch während der Nazi-Zeit mancher Sack Kartoffeln auf freiwilliger Basis in die NSV-Küchen, so horteten die Bauern jetzt ihre Produkte, um sie gegen das Letzte, was die Mainzer noch besaßen, einzutauschen. Für nur geringe Mengen an Eßbarem wechselten Bettlaken, Eßbestecke, Teppiche, Eheringe sowie Raucherkarten den Besitzer.

Nur zur Rettung ihres Seelenheiles gaben die Bauern ab und zu noch einige Sack Kartoffeln an kirchliche Institutionen und andere caritative Einrichtungen ab. Um die ärgste Not zu lindern und das wenige noch gerecht zu verteilen, wurden abermals die Rationen gekürzt und sanken unter tausend Kalorien pro Tag. Grotesk mutet es an, daß in Mainz, das mitten in einem Gemüse- und Obstbaugebiet liegt, die Schweizer Spende von drei Waggons Lauch begrüßt wurde.

Carl Zuckmayer kehrte im Herbst 1945 aus der Emigration in der Schweiz zurück und schilderte sein erstes Mainzer Erlebnis: »... Ich ging, halb betäubt, durch die Trümmer meiner Vaterstadt Mainz, stand vor dem Schutt meines Elternhauses und konnte meinen Schulweg nicht mehr finden. Ich sah die herzzerreißenden Zettel an den Bahnhöfen, wändehoch, einen neben dem anderen angeschlagen, von all den Menschen, die einander verloren hatten.

Ich sah die unheimlichen Bahnhöfe voll der Harrenden, von Hoffenden und Hoffnungslosen, von Ungeheuern und Mördern, von Krüppeln, Flüchtlingen, von zermürbt und gebrochen heimkehrenden Kriegsgefangenen, Hungrigen, Strichjungen und -mädchen bevölkert und von Besatzungsleuten, die solche Beute jagten oder von ihr geködert wurden ...«

Dieses Zuckmayer-Zitat ist ein einziger Auf-

Mainz grüßt am Kaisertor mit französischen Besatzungszeichen: Ici Mayence – alias Mainz.

General Pierre Koenig: »Der Vater von Rheinland-Pfalz«.

schrei über das Elend und die Trostlosigkeit, die in dem zerstörten Mainz herrschten. In den Straßen der Altstadt blühte der Schwarzmarkt. Im Kirschgarten und im Graben versuchten die kleinen Leute ihr Glück. Die Großen verschoben die Waren gleich lastwagenweise. Ein regelrechtes Gefecht lieferten sich die Schwarzhändler mit der Polizei in der Neustadt. Dabei wurde der Schwarzhändler »Abba« getötet.

Der Mainzer Anzeiger berichtete im Februar 1947 sarkastisch, daß immerhin für die Zuteilungsperiode des Monats März pro Erwachsenen auf einen Sonderabschnitt der Lebensmittelkarte ein ganzes Ei zur Verteilung komme.

Von dem wenigen Eßbaren versuchten die Mainzer und vor allen Dingen die Hechtsheimer Bürger, die 4000 halbverhungerten, unter freiem Himmel vegetierenden deutschen Kriegsgefangenen zu versorgen, die seit 1945 im berüchtigten Hechtsheimer Gefangenenlager lagen. Dieses Lager zog sich von der Hechtsheimer Kaserne entlang der alten Gaustraße mindestens drei Kilometer nach Süden hin. Wieviele unschuldige Gefangene hier den Hungertod starben, konnte nie ermittelt werden. Noch Jahre später fanden Bauern beim Pflügen Skelette der nur notdürftig verscharrten Soldaten. Im Winter 1945/46 lösten die Franzosen das Lager auf. Dieses Todeslager bleibt ein Schandfleck an der Ehre der so sehr auf »Gloire« bedachten Franzosen.

Im Jahre 1946 verschlechterte sich die Versorgungslage der Mainzer Bevölkerung noch einmal drastisch.

Aus den geringen Ernteerträgen des Jahres 1945, die noch geschmälert wurden durch die verhinderte Aussaat während der letzten Kriegsmonate, zog die französische Besatzungsmacht in einem Wiedergutmachungsrausch die besten Erzeugnisse ab. Wohl demjenigen, dem es gelang, in den Economat-Läden der französischen Besatzung einzukaufen. Ungläubig fragte der Mainzer Anzeiger im Frühjahr 1946: Wächst dieses Jahr kein Gemüse?

Für alle anderen blieb nur der Hunger. Noch nie hatte es so viele Tbc-Kranke gegeben in der Stadt wie zu dieser Zeit. Ein Zeitgenosse charakterisierte hart, aber treffend, die Lage in den einzelnen Besatzungszonen, deren tatsächlichen Zustand

Aufnahme eines Verkehrsunfalles in der Mittleren Bleiche durch deutsche Polizei und amerikanische Militärpolizei 1946.

man nur aus den Erzählungen von den wenigen Reisenden kannte. Gerüchte ersetzten Informationen. Hierzu ein Zitat aus der »Zeit«-Beilage:

Russische Besatzungszone:
Vergewaltigt und geplündert wird nicht mehr, aber es geht arm zu. Nicht mal Besatzungssoldaten haben genug zu essen (aber dafür genug zu saufen). ›Die russische Besatzungszone wird ein kommunistischer Staat!‹ orakelte damals schon der Journalist.

Amerikanische Besatzungszone:
Dort lebt sich's am besten. Aber die Amerikaner kultivieren den Entnazifizierungs-Tick am hemmungslosesten. Wer auch nur Zugführer im Jungvolk war, bleibe ihrer Zone fern.

Britische Besatzungszone:
Nord-West-Deutschland muß 1947 ein paar Millionen Einwohner dazugewonnen haben. Die britische Zone gilt an der Gerüchtebörse als die beste aller Zonen. Doch gehe es auch dort recht ärmlich zu, denn das Mutterland der Besatzungssoldaten sei nicht mehr so reich wie einst; aber auch die schlichtesten Gefreiten betrügen sich als Gentlemen.

Französische Besatzungszone:
Gegen sie spricht alles. Sie hausen wie die Russen und geben sich pingelig wie die Amis. Aber mit einigen Franzosen fraternisiert sich's leicht.«

Die von den Franzosen geforderten Abgabequoten gaben leider der Gerüchteküche recht. Auf die Liste der zu demontierenden Fabriken setzten die Franzosen nicht weniger als 83 Mainzer Betriebe. Diese Liste behielt noch ihre Gültigkeit über die Währungsreform hinaus.

Durch langwierige Verhandlungen gelang es, 44 Betriebe von der Demontageliste zu streichen. Die übrigen 39 Betriebe wurden durch Kompensationslieferungen von Maschinen, Werkzeugen und Waren gerettet. Daneben wurden von der Besatzung Möbel requiriert sowie Häuser und Grundstücke beschlagnahmt. »Selbst der Hausrat war zur damaligen Zeit nicht mehr sicher – von der Gabel bis zum Teller verschwand alles.«

In ihrer Zone führten die Franzosen Millionen von Möbel-Requisitionen durch.

Im Monat Dezember 1946 forderten sie aus dem Mainzer Raum zehn Tonnen Schlachtvieh, 335 Tonnen Geflügelfleisch, 490 Tonnen Hafer und 450 Tonnen Heu sowie 1105 Tonnen Stroh. Im März 1947 sollten 90000 Eier abgeliefert werden meldete der Neue Mainzer Anzeiger.

Daß bei solchen Abgabeleistungen für die deutsche Bevölkerung pro Kopf nur noch ein Ei übrigblieb, ist verständlich. Der gesamte Weinbestand wurde restlos beschlagnahmt. Nur in Ausnahmefällen, zum Beispiel beim ersten Mainzer Weinmarkt und bei einigen Sportveranstaltungen, blieb auch für die hungernde Bevölkerung ein Glas minderer Qualität übrig. Dafür wuchs die französische Besatzungsmacht mit ihren Familienangehörigen auf fast 1 Million an, die aus der Zone mit ernährt werden mußten. General Pierre Koenig residierte seit dem 31. Juli 1945 im Nobel-Hotel »Brenners Parkhotel« in Baden-Baden. Von 1300 Offiziersdienstgraden in Baden-Baden waren 800 Oberste. Die französische Militärbürokratie schuf sich ihren eigenen Wasserkopf. In Lindau avancierte der Befehlshaber der 1. französischen Armee, Général Jean de Lattre de Tassigny, zum ungekrönten Operettenkönig. Bei den zahlreichen Empfängen, die er gab, ließ er sich von 2000 fackeltragenden marokkanischen Spahis (Reiter) heimleuchten.

Apokalypse 1945. Im Vordergrund die gesprengte Kaiserbrücke. Im Hintergrund die neu errichtete »High-Way-Bridge«. 8. USAAF-Aufnahme vom 31. Mai 1945.

7. Stillstand

Eine Aufzählung der Gebäude und öffentlichen Einrichtungen, die zerstört wurden, würde ein ganzes Buch füllen, und es erscheint zweifelhaft, ob die reinen Zahlen heute noch genug Aussagekraft hätten. Die Schuttmassen, aufeinandergeschichtet, hätten den Mainzer Dom um ein Vielfaches überragt. Katastrophal wirkte sich beim Wiederaufbau das Fehlen von Baustoffen und Material aus.

In den Weisenauer Zementwerken fehlte es zum Beispiel an Kohle, um den dringend benötigten Kalk und Zement produzieren zu können. Als die Produktion endlich anlief, verließen die Erzeugnisse Mainz in Richtung Frankreich. Die Mainzer mußten sich über Jahre hinaus behelfsmäßig über die Runden bringen. So konnte von einem sinnvollen Aufbau nicht die Rede sein. Besonders schwer hatten es die Verkehrsbetriebe, die Hafenbetriebe, die Kraftwerke, die Feuerwehr und das Rettungswesen. Sie mußten buchstäblich aus dem Nichts wieder beginnen und waren schon froh, wenn sie ausgelagerte Geräte wiederfanden, die noch aus der Zeit vor dem Zweiten Weltkrieg stammten, um sie hier zum Einsatz zu bringen.

Neben dem Bestand an Gerät verlor die Mainzer Berufsfeuerwehr noch im März 1945 einen Teil ihrer Mannschaften. Alle noch nicht 50 Jahre alten Berufsfeuerwehrmänner wurden zum Volkssturm eingezogen, um noch an der Heimatfront Dienst zu tun. Viele hatten Glück und konnten schon wenige Tage später, beim Einmarsch der Amerikaner, ihren militärischen Abstecher als beendet ansehen.

Die noch verbliebenen 45 Mann hatten alle Hände voll zu tun, um die bis aufs Erdgeschoß ausgebrannte Feuerwache und die dazugehörigen Werkstätten in der Neubrunnenstraße samt den Fahrzeughallen wiederherzurichten.

In Eigenhilfe entstanden die notwendigen Räumlichkeiten, und trotz großer Schwierigkeiten bei der Materialbeschaffung konnten einige reparaturbedürftige Einsatzfahrzeuge wieder flottgemacht werden.

Noch schlimmer sah es bei den Städtischen Verkehrsbetrieben aus. Nach dem Krieg registrierten die Verantwortlichen 75 Prozent Zerstörung an Betriebsgebäuden, Gleis- und Fahrleitungsanlagen sowie Fahrzeugen.

In ganz Mainz gab es keine einzige intakte Fahrleitungsanlage mehr. Die Gleisanlagen waren aufgerissen oder verbogen, der Wagenpark ausgebrannt, die Betriebsgebäude eingestürzt. Hier hieß es nicht mehr reparieren, sondern neu anfangen.

Die Linie 10 befuhr seit dem 29. Juli 1945 wieder die Strecke Depot – Finthen. Am Ende des Jahres 1945 verfügten die Verkehrsbetriebe immerhin wieder über 13 Straßenbahntriebwagen, 15 Straßenbahnanhänger, einen Omnibus und einen Omnibusanhänger. Zug um Zug reparierten die Bautrupps die Strecken. Erst am 21. Februar 1946 erreichte die ehrwürdige Linie 1 wieder Weisenau.

Zwei Jahre später waren es schon 24 Straßenbahnwagen mit 20 Straßenbahnanhängern, fünf Omnibusse, ein Omnibusanhänger und zwei O-Busse, die wieder ihren Dienst versahen.

Zu den am schwersten betroffenen Stadtteilen gehörten die Anlagen des Zoll- und Binnenhafens. Beim Einmarsch der Amerikaner lagen von elf Kränen sieben zerstört im Hafenbecken. Die Uferbefestigungen der Hafenanlagen waren von mächtigen Bombentrichtern zerrissen. Um das Chaos zu steigern, zündeten betrunkene amerikanische Soldaten im Sommer 1945 die im Hafenbecken versenkte Munition. Bei der Detonation riß die noch bestehende Kaimauer auf eine Länge von 80 Metern auf. Im Hafen lagen außerdem 20 Wracks von Rheinschiffen auf Grund. Die gesamte Rheinflotte, bestehend aus Schleppern und Kähnen, war in den Fluten des Rheines versunken.

Im August 1945 konnten die Hafenarbeiter wie-

Am Markt 1946. Nur der Marktbrunnen ist vom Splitterschutzmantel befreit. Verschwunden ist das lebendige Markttreiben der Vorkriegszeit.

Laden im Keller am Markt 1947. Heute befindet sich an dieser Stelle der Hobbymarkt von Listmann & Stellwagen.

Käuferschlange vor der neueröffneten »Nordsee« am Schillerplatz 1947.

der einen zaghaften Umschlag von Waren aufnehmen; jeder noch so kleine Nachen mußte erst gehoben werden, um fahrbereit zu sein. Erst am Ende des Jahres 1945 war ein bescheidener Lastverkehr auf dem Rhein möglich.

Während des Krieges bildeten ein Hauptziel der amerikanischen Luftangriffe die Anlagen der Deutschen Reichsbahn. Nach Kriegsende mußten die Eisenbahner feststellen, daß buchstäblich nichts mehr lief. Sämtliche Brücken waren gesprengt und lagen im Wasser, die Gleisanlagen waren zerstört und unbrauchbar, die Stellwerke waren ausgebrannt, die Bahnsteige um das Bahnhofsgelände umgepflügt. Der Wiederaufbau begann praktisch am 1. April 1945 mit den ersten Aufräumarbeiten der amerikanischen Pioniere. Neben dem chronischen Mangel an Material bei der Wiederherstellung der Anlagen machte sich in zunehmendem Maße der Mangel an Facharbeitern und Hilfskräften bemerkbar. Trotzdem gelang es in erstaunlich kurzer Zeit, die Weichen, Drehscheiben und Wasserkrane auf dem Mainzer Bahnhofsgelände wieder in Betrieb zu nehmen.

Besonders schwer wog die Tatsache, daß es keine Waggons und kaum Lokomotiven gab. Sie waren ja die bevorzugten Angriffsziele alliierter Tief-

flieger gewesen. Nun mußten aus den ausgeglühten Resten der Waggons wieder fahrbare Untersätze geschaffen werden. Als Ersatz dienten vorerst für den Personenverkehr die noch vorhandenen Güterwagen. Die so zusammengestellten Züge sollten das Bild der Nachkriegszeit noch mehrere Jahre bestimmen.

Die Fahrtgeschwindigkeit betrug zunächst 30 km/h, das hieß »Fahren auf Sicht«, da keine betriebsfähigen Signale vorhanden waren. Im zweiten Nachkriegsjahr verbesserten sich die Verhältnisse etwas durch die tatkräftige Mithilfe aller Beteiligten, und das Tempo der wiedereingesetzten D-Züge konnte immerhin auf 85 km/h gesteigert werden. Rätselhaft blieb, wo die Mainzer Eisenbahndirektion aus dem Chaos der Stunde Null innerhalb von drei Monaten 400 Lokomotiven herzauberte.

Waren die Strecken – wenn auch zum Teil nur eingleisig befahrbar – wieder betriebsbereit, so fehlte es oft an Kohle, um die Dampfkessel der Lokomotiven zu beheizen. Die wenigen Züge, stets überfüllt und kalt, versuchten sogar den Fahrplan einzuhalten. Ganz zu Beginn leiteten die amerikanischen Pioniere den Eisenbahnbetrieb selbst, hatten jedoch im Juni 1945 bereits genug vom »Eisenbahnspielen« und setzten dafür wieder die ehemaligen Reichsbahner ein.

Die Übernahme unseres Gebietes durch die Franzosen änderte an der Grundsituation wenig, obwohl die ehemalige Reichsbahn nun zum Détachement d'occupation des Chemins de Fer Français gehörte. Unter dieser Oberaufsicht, deren Sonderstatus noch weit über die Währungsreform hinaus Gültigkeit hatte, fuhr so mancher bei uns dringend benötigte Kohlenzug direkt nach Frankreich weiter.

Eine Eisenbahnfahrt gestaltete sich wenig luxuriös. 4000 bis 5000 Menschen warteten mitunter auf einen Zug und waren fest entschlossen, irgendwo einen Platz zu finden, und sei es in den Güterwagen, auf den Trittbrettern, auf den Puffern oder auf den Dächern.

Ein Chronist berichtet: »Aufsichtsbeamte liefen verzweifelt den Bahnsteig entlang und schrieen durch ihre Flüstertüten: ›Kommen Sie herunter von den Dächern, der Zug muß niedrige Tunnel passieren. Sie sind in Lebensgefahr.‹

Das »Biebricher Boodche« legt wieder an. Bombentrichter am Ufer des Kaisertors erschweren noch das Anlegemanöver vor der Alexander-Patch-Bridge. Sommer 1947.

Sensationen auf dem zerstörten Brand. Die Traber-Schau gastiert am 16. Mai 1946 in Mainz.

Das sportliche Nachkriegsereignis in Mainz. Mitten durch die Trümmerstraßen knattern die Rennmaschinen. Oben rechts das Fahrerlager am Brand. Darunter Start und Ziel in der Kaiserstraße.

Keiner von denen, die einen Platz auf dem Dach gefunden hatten, rührte sich; das waren alles erfahrene Dachfahrer. Sie wußten genau, wie viele Zentimeter ihnen zwischen Waggondach und Tunneldecke zum Überleben blieben. In den schlimmsten Fällen mußte man sich flach auf den Bauch legen, zumeist konnte man sogar sitzenbleiben. Zu stehen freilich bedeutete sichere Enthauptung. So mancher Ahnungslose wurde damals geköpft. Aber normalerweise kümmerten sich die alten Hasen um die Neulinge.«

Es mutete nicht verwunderlich an, daß zu dieser Zeit kaum ein Mainzer von einem französischen Architekten-Team Notiz nahm, das die Kraterlandschaft der Mainzer Innenstadt kartierte. Der Kopf dieses Teams war kein Geringerer als Marcel Lods, einer der Väter der Charta von Athen des Jahres 1933. Die Architekten, die sich damals zusammenfanden, hatten ein absolut friedliches Anliegen, nämlich den Bau von menschenwürdigen Wohnungen.

Die traurigen Folgen des Zweiten Weltkrieges eröffneten nun diesen Stadtplanern ungeahnte Möglichkeiten.

In Mainz sah Lods eine Chance, seine Idee der Gartenhofstadt in die Tat umzusetzen. Im Auftrag der französischen Militärregierung nahm er, zusammen mit seiner Ehefrau und einem Mitarbeiterstab, eine genaue Bestandsaufnahme von Mainz vor. Das Ergebnis war der Entwurf für einen großzügigen Wiederaufbau des Mainzer Zentrums und der Neustadt. Weiträumigkeit, Funktionalität, Licht und Sonne waren seine Schlagworte.

»Wo Kinderwagen geschoben werden, können keine Lastwagen fahren«, meinte Marcel Lods.

Soviel Neuerung und Umgestaltung war zuviel für den neugewählten Mainzer Stadtrat. Er lehnte im Jahre 1949 einstimmig den Lods-Plan ab.

Der wichtigste Grund für diese Ablehnung waren aber nicht die gravierenden Neuerungen, sondern die Tatsache, daß die Mainzer Stadtkasse kei-

Packende Duelle liefern sich die Beiwagenmaschinen in der Parcusstraße. In der Kurve Neussner-Minderlein auf ihrer 600er NSU-Maschine.

Gouverneur Guerin überreicht am Start und Ziel in der Kaiserstraße den begehrten ersten Preis: eine Kiste Wein an die Sieger der 1200-cm³-Klasse.

Die »Budencity« von Mainz 1948. Das Theater wird aufgebaut.

ne einzige Mark mehr aufwies. Statt dessen erinnerte man sich daran, daß das zerstörte Mainz noch eine weitgehend intakte »Unterwelt« besaß. Man begann, Stück für Stück, die Beläge der Straßen auszubessern, wo möglich die Straßenführungen weitgehend zu begradigen und das Versorgungsnetz zu reparieren. Dabei machte man zum Teil die gleichen Fehler wie in der Vergangenheit, so daß einige der so wiederentstandenen Viertel zwanzig Jahre später zum Sanierungsgebiet erklärt werden mußten.

Marcel Lods kehrte nach dieser ihm unverständlichen schroffen Ablehnung Deutschland resigniert den Rücken. An seiner Stelle begannen nun die Architekten nach altem Rezept und unter den neuentwickelten Gesichtspunkten des sozialen Wohnungsbaues Mainz nach und nach wieder aufzubauen. Die Mainzer Stadtväter mußten sich aber gefallen lassen, daß sie von der renommierten Presse verhöhnt wurden und noch in den 50er Jahren den Vorwurf zu hören bekamen, Mainz würde gerade die Nase aus den Schuttmassen herausstrecken.

Dies hatte aber auch den Vorteil, daß in Mainz nicht im gleichen Maße wie in anderen Städten irreparable Bausünden begangen wurden.

Schon im Mai 1945 machte sich der spätere Kulturdezernent der Stadt Mainz, Michel Oppenheim, Gedanken über einen Wiederaufbau des zerstörten Stadtgebietes. Ganz anders als Marcel Lods riet er von einem totalen Kahlschlag ab. Er forderte, daß gewisse Baukomplexe auch im neuen Mainz ihren alten Charakter behalten sollten. Es sollte der Geschicklichkeit des planenden und überwachenden Architekten überlassen sein, jeden Kitsch fernzuhalten.

Die Kirchen nahmen – nach seinem Vorschlag – durch die nicht liniengerade Ausrichtung der Straßen einen besonderen »point de vue« ein.

Auch über die riesigen Schuttmassen machte er sich Gedanken. Sie sollten zur Verbreiterung der Rhein- und Maindämmung benutzt werden. Auch könne man, meinte er, verschiedene Landstraßen damit auf eine vernünftige Breite bringen. Ebenso sollte durch Aufschüttung die Petersaue hochwasserfrei gehalten werden.

Die Bonifaziusstraße mit Blick auf das zerstörte Direktionsgebäude und die Bonifaziuskirche 1947. Sie wurde später abgerissen wegen Einsturzgefahr. Bedenklich neigt sich der gotische Kirchturm zur rechten Seite.

Auch über die Verwendung des zukünftigen Baumaterials machte er Angaben: »In der Altstadt verwende man roten Sandstein mit hellem Flächenbewurf.« Hier liest man schon Ansätze einer Altstadtsanierung, die erst dreißig Jahre später in Angriff genommen werden sollte und in der die Orientierung am historischen Vorbild voll zum Tragen kam.

Der Wiederaufbau der Stadt Mainz lehnte sich eher an die Ideen von Michel Oppenheim an als an die radikalen Vorschläge von Marcel Lods.

Statt eines großzügigen Aufbaues folgten Provisorien. Die Geschäftsleute waren den Hausbesitzern um eine Nasenlänge voraus, denn sie konnten auch in dieser schweren Zeit besser die Materialien beschaffen, die sie brauchten, um damit, wenn auch in bescheidenem Rahmen, ihre Geschäfte wieder aufzubauen.

Hauptsächlich entlang der Ludwigsstraße und entlang der Großen Bleiche reihte sich innerhalb kürzester Zeit Bude an Bude. Das »goldene Mainz« avancierte zur Budenstadt. Kurze Zeit später ersetzten die Geschäftsleute diese Provisorien durch eingeschossige Geschäftsbauten, die zwar durch Auflagen des mittlerweile wieder bestehenden Bauaufsichtsamtes zum weiteren Ausbau gedacht waren, aber später wegen des minderwertigen Baumaterials doch abgerissen werden mußten. Zwischen den Geschäftsstraßen füllten 1,7 Millionen Kubikmeter Schutt das Stadtbild aus.

Lange Zeit prägten diese eingeschossigen Läden aus der »Gründerzeit« des Jahres 1945 das Bild der Geschäftswelt von Mainz. Das letzte Provisorium in der Ludwigsstraße sollte erst im Jahre 1980 verschwinden.

Mit der Wiedereröffnung der Kaufhalle erhielt Mainz im Jahre 1946 – trotz leerer Schaufenster – das erste repräsentative Kaufhaus der Nachkriegszeit.

141

8. Ein Silberstreif am Horizont

Wer in der Zeit nach dem Krieg Zerstreuung und Abwechslung suchte, tat dies meist vergebens. Im Jahre 1949 existierten in der Stadt ganze zwei Kinos: das altersschwache Capitol, das im April 1945 von dem 718. Railway-Operation-Battalion der Amerikaner als Kasino hergerichtet worden war, und das von dem Kinobesitzer Mühlberg unter großem Aufwand wiedereröffnete Regina am Neubrunnenplatz.

Vorher gab es nur im »Belli-Bau« auf dem Schirrhofplatz, dem Domizil des Zirkus Belli, einen großen Saal, den die Zirkusverwaltung auch für andere Veranstaltungen, zum Beispiel Konzerte, zur Verfügung stellte.

Hier fand die sogenannte leichte Muse eine neue Heimstätte. Die Mainzer Operettenbühne spielte hier monatelang, inszeniert von Eberhard Ford, Eduard Künnekes »Vetter aus Dingsda«.

Auch einen Zarah-Leander-Skandal erlebten die Mainzer: eintausendfünfhundert aufgebrachte Theaterbesucher wurden von der echauffierten Künstlerin kurzerhand versetzt.

Ab und zu fand ein Nachkriegs-Zirkus den Weg nach Mainz. Auf dem Halleplatz gastierten unter großem Publikumszuspruch nacheinander die wiederaufgebauten Unternehmen von Zirkus Busch, Fischer, Holzmüller und Althoff.

Diejenigen, die kleinere Vergnügungen suchten, konnten dies höchstens in zwei Weinlokalen tun, die ihren Besuchern ein verwässertes Schöppchen anboten. Weiter hatten sie keine Möglichkeiten, denn die wenigen noch erhaltenen Gaststätten in der Altstadt rund um den Kirschgarten hatten sich auf das Besatzungspublikum spezialisiert und wurden von den Normalbürgern gemieden.

Die wenigen Speisegaststätten des Jahres 1946 waren Volksküchen und Wohlfahrtseinrichtungen. Am frühen Morgen schon standen lange Reihen von Hungrigen vor ihren Toren, um eine markenfreie Mahlzeit zu ergattern. Glücklich konnten sich diejenigen schätzen, die manchmal eine dicke Suppe aus Knochenabsud, angereichert mit Gemüse, zugeteilt erhielten. Studenten bekamen gegen »Kärtchen« und für 10 Pfennige einen Teller »Hoover«-Speisung auf dem Uni-Gelände. Ganz Ausgeklügelte liefen anschließend am Sportplatz vorbei zur Eisenbahnkantine um noch »einen Schlag« Eintopf zu ergattern.

Abwechslung boten die Sportvereine, die im Jahre 1946, hauptsächlich in den Vororten, wieder gegründet werden durften, gemäß Verordnung Nr. 22 der französischen Militärregierung vom 12. Dezember 1945.

Auch der renommierte Fußballverein »Mainz 05« spielte wieder am Bruchweg und zog allsonntäglich zahlreiche Besucher an.

Die französische Besatzungsmacht mochte nicht abseits stehen und veranstaltete am Bruchweg unter Anwesenheit von General Monsabert und General Servez ein großes Sportfest.

Im Frühjahr 1947 arrangierte der ADAC die erste Fahrt auf einem altersschwachen Raddampfer der »weißen Flotte«. Ein geradezu grandioses Ereignis mit Volksfestcharakter war die Eröffnung des Mainzer Weinmarktes am 16. Juli 1946. Mit dünnem Wein und Fischfrikadellen durften die Mainzer Bürger zusammen mit den französischen Besatzungstruppen – sogar über die Sperrstunde hinaus – feiern.

Für eine artistische Sensation sorgte die am 16. Mai 1946 in Mainz auf dem zerstörten Brand gastierende »Traberschau«. Als einmalige Sensation galt dabei die Fahrt mit dem Motorrad auf dem Hochseil vom Brand zum Ostturm des Domes hinauf. Zu Ostern 1948 fand ein Radsportrennen statt, das vor allem die Jugend begeisterte.

Den absoluten Höhepunkt der Sportveranstaltungen bildete das große Motorradrennen am 13. Juni 1948, mitten durch die Mainzer Innenstadt. Vor 100000 Zuschauern lieferten sich die Fahrer auf ihren veralteten Vorkriegsmaschinen die packendsten Rennen. Leider wurden diese

Die Trümmerbahn fährt vom Brandgebiet aus Schrott ab.

Rennen durch eine Anzahl schwerer Unfälle überschattet, so daß in der Folgezeit eine Wiederholung auch aus Finanzgründen nicht mehr stattfand.

Besser sah es mit der Mainzer Kunst- und Kulturszene aus. Der 1945 gegründete Kulturbund war ein sehr reger Verein, der in Zusammenarbeit mit der Besatzungsmacht sich hauptsächlich dem Wiederaufbau des Theaters widmete.

Schon im Herbst und Winter 1945 fanden die ersten Schauspiele im großen, ungeheizten Saal der ehemaligen Kunstgewerbeschule und späteren Stadtverwaltung am Pulverturm statt.

Mainzer Maler und Graphiker fanden sich vor der zu erwartenden trostlosen ersten Nachkriegsweihnacht zu einer erstaunlichen Initiative zusammen. Im Hochgefühl ihrer wiedergewonnenen Freiheit – viele von ihnen waren während des »tausendjährigen Reiches« in ihrem künstlerischen Schaffen behindert gewesen oder hatten ihre Arbeit zu dieser Zeit von sich aus eingestellt – waren sie nun von einem ungeheuren Schaffensdrang geflügelt. Sie richteten in einem Oberlichtraum der Buchhandlung Schöningh in der Augustinerstraße einen Weihnachtsmarkt der Mainzer Künstler aus, der sich der regen Anteilnahme der Mainzer Bevölkerung erfreute.

Es mutet geradezu grotesk an, war aber doch kennzeichnend für die Situation, daß ausgerechnet der französische Stadtkommandant, Colonel Louis Kleinmann, die Mainzer an ihren Frohsinn und ihren Humor erinnern mußte. Der Colonel hatte sehr wohl erkannt, daß nicht zuletzt aufgrund der von der Besatzungsmacht verfügten Repressalien die Mainzer Bevölkerung nur noch wenig Initiative besaß, sich aus ihrer Lethargie zu befreien und den Wiederaufbau in Angriff zu nehmen. Er befahl im Oktober 1945 die drei Mainzer Karnevalisten Seppel Glückert, Heinrich Hilsenbeck und Karl Moerlé in sein Büro in der Breidenbacherstraße. Den geladenen Herren verschlug es die Sprache, als der Kommandant sein Ansinnen vortrug, den Mainzern ihre Fastnacht wiederzugeben.

Keinem der Anwesenden stand zu dieser Zeit der Sinn danach, wieder Fastnacht zu treiben. Sie lehnten den Vorschlag, im Jahre 1946 die erste Nachkriegskampagne zu starten, ab.

Da sie jedoch den Kommandanten nicht brüsk zurückweisen wollten, erbaten sie sich Bedenkzeit. Nach mehreren Unterredungen sagten sie zu, am 2. Februar 1946 im Hörsaal der Kunstgewerbeschule einen »Mainzer Abend« zu veranstalten. Diese Veranstaltung mußte immerhin 14mal wiederholt werden. Hätte der Fastnachtsonntag dem närrischen Treiben nicht naturgemäß ein Ende gesetzt, die Aktiven des MCV hätten noch monatelang ihre Possen vortragen müssen. Auch hier war es wieder der unvergessene Seppel Glückert, der das Zepter in die Hand nahm und seine Verse der Zeit anpaßte:

> Wem unser Tun mißfällt, bleib' fern
> In seinem öden Zelte!
> Der ääne ißt Geröste gern,
> Der annern gern Gequellte.
> Die Kalorien im Verbrauch
> Kein Unterschied sie machen,
> Ob du vor Kohldampf hältst dein Bauch,
> Ob du ihn hältst vor Lachen.«

Die Narrenkappe blieb für dieses Jahr noch im Schrank.

Statt einer zusätzlichen Brotration überraschte der neue Oberbürgermeister Kraus die Mainzer mit dem Gedanken der Wiederbegründung der Mainzer Universität. In seinem Auftrag verfaßte der katholische Dogmatiker August Reartz ein Memorandum für die Notwendigkeit eines solchen Unternehmens. Gleichzeitig schrieb der Wiesbadener Franz Klingelschmidt ebenfalls eine Denkschrift, die sich mit der Notwendigkeit der Wiedereröffnung der Mainzer Universität befaßte. Waren auch die Zielsetzungen und Gedanken dieser Herren verschieden und führten zum Teil separatistische Ideen die Feder, so waren sie sich doch darüber einig, daß diese neue Institution ihren Standort auf dem Gelände der ehemaligen Flakkaserne in Mainz erhalten sollte.

Blieben auch die Gedanken der Deutschen vorerst nur Wunschträume, der allmächtigen französischen Besatzungsmacht war es möglich, eine solche Gründung durchzusetzen. Die Gebäude der Kaserne waren durch zahlreiche Bombenangriffe und Tieffliegerbeschuß stark zerstört. Als Truppenunterkunft waren sie zum sofortigen Bezug nicht geeignet.

Das Gutenberg-Museum wird aufgebaut (1948). Frontansicht des »Römischen Kaisers«.

Aber im französischen Hauptquartier in Baden-Baden hatte sich ebenfalls der Gedanke gefestigt, in der neugewonnenen Zone eine weitere Universität zu eröffnen, natürlich mit dem Hintergedanken, den Deutschen das französische Gedankengut näherzubringen.

So liefen die deutschen Bittsteller – ohne es zu wissen – offene Türen ein, und erstaunlich schnell einigte man sich auf Mainz als Standort.

Schon im Dezember 1945 überließ die Militärregierung in Baden-Baden die vom Architekten Ueter gebaute Flakkaserne samt Gelände der neu gegründeten Universität. Für die Ausarbeitung der Universitätsstatuten bestimmte die französische Besatzungsmacht den während des Zweiten Weltkrieges in die Schweiz emigrierten Geographie-Professor Dr. h. c. Schmid.

Für die Mainzer war die neu zu gründende Universität von Anfang an ein ungeliebtes Kind. Die Bretzenheimer Bauern, denen man 1938 für eine winzige Entschädigung ihr Feld für den Bau der Flakkaserne abgenommen hatte, forderten nun die Rückgabe des noch unbebauten Geländes.

Ganz andere Sorgen als die Bretzenheimer Bauern hatte die Mainzer Stadtbevölkerung, denn sie befürchtete, daß mit dem Bau der Universität ihre schon jetzt spärlichen Zuteilungen im Hungerwinter 1945/46 noch weiter herabgesetzt werden würden. Sie zeigte keinerlei Verständnis für die Errichtung einer solchen Bildungsinstitution, solange sie mit knurrendem Magen zur Arbeit gehen mußte.

Zielstrebig dagegen verfolgte die französische Besatzungsmacht die Gründung der Universität. Kurz vor Weihnachten 1945, am 19. Dezember, verfügte sie, daß 50 Prozent aller produzierten Baustoffe in Rheinhessen vornehmlich für den Wiederaufbau der Universität bestimmt waren. Colonel Louis Kleinmann, der Stadtkommandant von Mainz, setzte bei seiner obersten Dienstbehörde in Baden-Baden durch, daß das französische Oberkommando 850 deutsche Kriegsgefangene für den Wiederaufbau bereitstellte.

Auf dem ehemaligen Kasernengelände entstand ein neues Gefangenenlager, welches allerdings schlecht bewacht war, denn die deutschen Kriegsgefangenen flohen reihenweise Richtung Heimat. Erst nachdem Colonel Kleinmann den Gefangenenlager-Status abgebaut und den Deutschen zugesichert hatte, daß sie nach Fertigstellung der Universität entlassen würden, floh kein Gefangener mehr.

145

Warten auf das Kopfgeld vor dem Pulverturm am 20. Juni 1948. Die Stadtverwaltung war eine der Ausgabestellen.

Die Militärregierung stellte dem Fonds der Universität Mainz monatlich 10000 Liter Wein und 1000 Liter Cognac zur Verfügung. Mit diesen Naturalien konnten die Verantwortlichen die fehlenden Baumaterialien aus anderen Zonen beschaffen und gleichzeitig ihre deutschen Kriegsgefangenen, die ihnen als Arbeitskräfte unterstellt waren, bei Laune halten.

Am 22. Mai 1946 war es endlich so weit: in einer großen Feierstunde, in der alle Honoratioren der damaligen Zeit vertreten waren, hielt der neugekürte Rektor Schmid seine Eröffnungsansprache, in der er vor allem zur Beseitigung der Sünden der Vergangenheit und zur Wiedergutmachung aufrief. Er verwies darauf, daß die höchste Aufgabe in der Bereitschaft liege, eine neue Generation von Menschen heranzubilden, um aus einer apokalyptischen Gegenwart eine neue, bessere Welt aufzubauen.

Zweitausend Studenten konnten im ersten Semester ihr Studium aufnehmen. Jedoch nicht für jeden öffneten sich die Pforten der Alma mater.

Viele wurden wegen ihres ehemaligen Offiziersdienstgrades, der Mitgliedschaft in der Waffen-SS oder als ehemalige Jungscharführer abgewiesen. Aber die meisten Studierfähigen waren noch gar nicht nach Hause zurückgekehrt, sondern saßen noch in aller Herren Länder verteilt in den Kriegsgefangenenlagern und konnten erst als sogenannte Spätheimkehrer ihr Studium beginnen.

Für die Kriegsversehrten reservierte die Universitätsleitung in allen Hörsälen Plätze in der ersten Bankreihe; für viele Jahre ein mahnendes Zeichen für die neu beginnende Nachkriegsgeneration.

An den Mainzer Bürgern ging das Universitätsleben spurlos vorüber. Dazu trug schon allein die geographische Entfernung des Universitätsgeländes vor den Toren der Stadt bei. Die ersten und engsten Kontakte mit den »Studikern« machten die Bretzenheimer und die Gonsenheimer, die ihre Dachspeicher in Studentenbuden umfunktionierten.

Der einzige sichtbare Hinweis auf das Vorhandensein einer Universität in der Stadt war die neue Straßenbahn Linie 2 mit dem stolzen Schild »Universität«!

So wie den vielen abgewiesenen Studierwilligen erging es noch Millionen von Bürgern mit brauner Vergangenheit.

Die Amerikaner führten bei ihrem Einmarsch gleich tonnenweise Fragebögen in ihrem Marschgepäck mit. Mit diesen Fragebögen erhofften sie, Einblick in die Beweggründe der Deutschen zu erhalten, sich dem Nazismus zu unterwerfen oder ihn zu unterstützen. Spezialeinheiten der Besatzungstruppen errichteten sofort nach dem Einmarsch in allen Städten und Gemeinden Entnazifizierungsbüros und nahmen jeden Bürger unter die Lupe. Im Laufe der Nachkriegszeit unterzogen alleine in der amerikanischen Besatzungszone die zur OMGUS Office of Military Government for Germany gehörenden Behörden 13,4 Millionen Erwachsene ihren Befragungen und verurteilten daraufhin 900000. Schnell füllten sich wieder die ehemaligen gerade leer gewordenen Straflager des Nazi-Regimes.

Als Durchführungsorgane der Entnazifizierung bestellten die Besatzungstruppen sogenannte Spruchkammern, in denen meist Antifaschisten versuchten, Recht zu sprechen. Belassung im

Dienst, Abstufung und Kündigung hießen oft die Urteile. Die 131 Fragen des berüchtigten Fragebogens wurden manch einem linientreuen Nazi zum Stolperstein. So erinnerte sich hie und da ein getreuer Volksgenosse seines christlichen Glaubens, den er wegen seiner braunen Karriere abgelegt hatte. Sichtbare Zeichen dieses Erinnerungsvermögens waren die überfüllten Mainzer Kirchen nach dem Einmarsch der Amerikaner, die die »Gläubigen« gar nicht mehr zu fassen vermochten. Selbst mit einem Stehplatz vor der Kirche nahm man vorlieb, um ja als rechtschaffener Christ wiedererkannt zu werden. Dabeisein war alles.

Hatten die Kirchen noch kurz vor Kriegsende eine gähnende Leere aufgewiesen, so verzeichneten sie jetzt einen ungeahnten Zuspruch.

Ebenfalls als vorteilhaft erwies sich auch die Freundschaft mit einem Antifaschisten oder Untergetauchten. Wer gar einen lebenden Juden auftreiben konnte, der Hilfsbereitschaft während der Zeit des Dritten Reiches bezeugen konnte, hatte das große Los gezogen. Der »Run« auf den begehrten »Persilschein« nahm groteske Formen an.

Am Anfang stürzten sich die Spruchkammern mit einer ungeahnten Akribie in die Rechtsprechung. Ihrem Gerechtigkeitsgefühl gingen häufig nur die kleinen Nazis ins Netz. Die Mitläufer des Dritten Reiches mußten um ihre Existenz bangen, nur weil sie in der braunen Hierarchie auf ein bißchen Karriere gehofft hatten. Denunziation erleichterte oft das Herausfinden von sogenannten Schuldigen. Mit der Beschlagnahmung der Zentralkartei der Parteimitglieder in Berlin hatten die Alliierten ein Mittel in der Hand, um jede Lüge aufzudecken. Sie handhabten jedoch die Rechtsprechung sehr eigensinnig. Auf der Strecke blieben nur diejenigen, die es verpaßten, sich nach irgendeiner Richtung zu orientieren oder die den Mut besaßen, für ihre Verfehlungen einzustehen.

Die so Verurteilten bildeten über Jahre hinaus das große Heer der Bauhilfsarbeiter, denn der Wiederaufbau konnte jede Arbeitskraft gebrauchen und die Baufirmen fragten nicht nach der politischen Gesinnung. Die wirklich großen Nazis fingen die Sache geschickter an. Sie tauchten zunächst einmal mit falschen Papieren unter, um sich mit Hilfe eines Decknamens über die ersten Jahre zu retten.

Nur wenige Tage gestattete der Hochbunker am Güterbahnhof einen Blick in sein Inneres, bevor er im Februar 1984 abgetragen wurde.

Wie ein Phönix aus der Asche tauchten dann nach der Generalamnestie unter der Regierung Adenauers im Jahre 1950 viele wieder auf, um später Schlüsselpositionen in Wirtschaft und Politik einzunehmen wie Dr. Wilhelm Best.

Angeblich wegen ihres Fachwissens konnten sowohl der öffentliche Dienst als auch die Bundesministerien und die Aufsichtsgremien der Wirtschaft nicht auf ihre Mithilfe verzichten. Einigen gelang es sogar, ihre braune Vergangenheit in eine Widerstandtätigkeit umzufunktionieren, um dadurch Wiedergutmachungsleistungen oder Staatspensionen zu erhalten.

Die französische Militärregierung hatte weitere große Pläne mit den Mainzern. Diese waren jedoch von dem Vorhaben ihrer Besatzer nicht begeistert. Am 30. August 1946 verkündete der französische Armeegeneral und Oberkommandierende der französischen Besatzung in Deutschland, Koenig, die »Schaffung eines Rheinland-Pfälzischen Landes«.

Durch den Zusammenschluß der englischen und

amerikanischen Zone zur Bi-Zone war die französische Politik einer Aufsplitterung Deutschlands in mehrere Staaten gescheitert. Den Franzosen blieb nun nichts weiter übrig, als es durch die Bildung von deutschen Ländern in ihrer Zone den Engländern und Amerikanern gleich zu tun, um damit einen politischen Rückstand zu verhindern. In der Erklärung General Koenigs heißt es unter anderem: »Von dem Willen beseelt, der rheinischen und pfälzischen Bevölkerung Gelegenheit zu geben, ihre Freiheit und ihr wirtschaftliches Leben harmonisch zu entwickeln, habe ich die Schaffung eines Landes beschlossen.«

Der General entschied also aus eigener Machtvollkommenheit? Dies trifft nur bedingt zu, denn dahinter stand die neue Linie der französischen Politik, die eine politische Isolierung von ihren alliierten Verbündeten vermeiden wollte.

Die Ordre Nr. 57 der Militärregierung befahl, daß aus den gegenwärtigen Regierungsbezirken Trier, Koblenz, Mainz, Neustadt und Montabaur ein neues Land zu schaffen sei.

Es wurde weiter verfügt, daß Mainz die Hauptstadt des neuen Landes sein sollte. Der Beginn des staatlichen Lebens wurde mit der Ankündigung von Wahlen und der Bildung einer beratenden Landesversammlung eingeleitet. Dieser eigenwillige Beschluß des Generals löste bei der Mainzer Bevölkerung keineswegs überschwengliche Gefühle aus. Die politische Apathie des Volkes war so kurz nach Kriegsende noch viel zu groß. Wiederum befürchteten die Mainzer zu Recht eine weitere Verschlechterung ihrer Lebensbedingungen. Durch den Entzug von Baumaterialien für den Wiederaufbau der zerstörten Adelspaläste als Sitz der Regierung und der Ministerien war die Schaffung des dringend benötigten Wohnraums wiederum in Frage gestellt.

Hunger, Kälte und Wohnungsnot waren im zerstörten Mainz noch sehr groß, und die Verantwortlichen auf der deutschen und der französischen Seite hatten die Lage keineswegs im Griff, so daß die Mainzer keinen Grund sahen, sich darüber zu freuen, daß ihre Stadt nunmehr Landeshauptstadt sein sollte. Das Gerangel um die Etablierung und den Sitz der Landesregierung dauerte noch über die Währungsreform hinaus an, und so konnte sie erst am 16. Mai 1950 endgültig in das Kurfürstliche Schloß einziehen, von dem erst der Flügel an der Diether-von-Isenburg-Straße wiederaufgebaut war.

Zu Beginn des Jahres 1948 verlor die Reichsmark immer mehr an Wert, und die Schwarzhändler hielten sich mit dem Angebot ihrer Waren zurück. Trotzdem überkam die Bevölkerung ein eigenartiges Gefühl, das sie aus der Lethargie der letzten Jahre herausriß. Zeitungsmeldungen und Rundfunknachrichten mehrten sich, in denen von einer Währungsreform gesprochen wurde.

Am Samstag, dem 19. Juni 1948, war es endlich soweit: die Sonderausgaben der Zeitungen verkündeten das »Erste Gesetz zur Neuordnung des deutschen Geldwesens«.

Das neue Geld sollte »Deutsche Mark« heißen. Es hieß in dieser Verordnung: »Jede Person, die Lebensmittelkarten erhält, bekommt von der zuständigen Kartenstelle einen Kopfbetrag von 40 Deutschen Mark. Wer weniger Reichsmark bei der Zahlstelle einzahlt, erhält auch dementsprechend weniger Deutsche Mark.«

Es gab Gewinner und Verlierer. Zu den Gewinnern zählten die Geschäftsleute, die über Nacht die zuvor gähnend leeren Schaufenster mit vorher gehorteten Angeboten aller Art füllten. Zu offensichtlich war ihr Schwindel, mit dem sie die Kundschaft täuschen wollten, diese heißbegehrten Waren seien von ihrem Kopfgeld eingekauft worden.

Zu den Verlierern zählte das große Heer der Schwarzhändler, die ihre Reichsmarkbündel nicht mehr unterbringen konnten und sie nur noch zum Feueranzünden verwenden durften. Zu den Verlierern zählten aber auch diejenigen, die auf ihre 40 DM Kopfgeld angewiesen waren und mit diesem Betrag über die Runden kommen sollten. Sie mußten den Verlockungen des Überangebotes von Waren neidvoll widerstehen.

Es war sicher nicht so, daß 1948 jeder mit seinen 40 Mark Kopfgeld die gleiche Chance gehabt hätte, auch wenn einige Politiker uns dies heute darzulegen versuchen.

Obwohl die Situation schlecht war, zeichnete sich eine reelle Chance ab, um nun hoffnungsvoll nach vorne blicken zu können. Es sollte aber noch Jahre dauern, bis die unübersehbaren Schäden einigermaßen repariert waren.

Für die Stadt und ihre Bewohner begann ein langsamer, beschwerlicher, aber stetiger Aufstieg, der länger als dreißig Jahre anhalten sollte. Heute erstreckt sich, subjektiv gesehen, wohl das schönste Mainz entlang des Rheinufers gegenüber der Mainmündung.

Es ist aber nicht mehr das alte Mainz, von dem Goethe und Zuckmayer schwärmten. Das Mainz, in dem sich die Natürlichkeit und die Lebensfreude seiner Bewohner in den Gassen und Gäßchen widerspiegelte, es ging unter in den mörderischen Bombenorgien der alliierten Luftflotten während der Tage und Nächte des Zweiten Weltkrieges. Es dauerte Jahre, bis die Mainzer sich von der lähmenden Apathie, Trauer und Resignation der Nachkriegsjahre befreiten.

Carl Zuckmayer schrieb nach seinem Mainzbesuch im Jahre 1970 an den Oberbürgermeister Jockel Fuchs: »...der Alpdruck des Wiedersehens mit der schrecklich zerstörten, zertrümmerten Stadt kurz nach dem Zweiten Weltkrieg lag mir immer noch wie ein Stein auf dem Herzen. Diesmal konnte ich ihn zum ersten Mal völlig abschütteln und hatte überall in der Stadt, auch wo sie halt nicht mehr so aussieht wie in unserer Kindheit, das Gefühl, wieder heimgekommen und zu Hause zu sein. Das liegt ja zum großen Teil daran, daß in den Mainzern, jung oder alt, im Mainzer Volk aller Schichten und Stände, vom Dr. Ludwig Strecker bis zu den Marktfrauen am Höfchen und den Leuten, die in der Altstadt aus den Fenstern gucken, das echte Mainz so unverändert weiterlebt, selbst in einer Zeit, in der sich alle Maßstäbe zu verändern scheinen oder auch der Veränderung und Erneuerung bedürfen.

Mainz hat sich, so glaube ich, im letzten Jahrzehnt nur zu seinem Vorteil verändert, in seiner baulichen Struktur, seinen Innen- und Außenbezirken wie in seinem Lebensstil. Ich möchte zusammenfassend sagen: mir blieb der Eindruck von einer großzügig fortschreitenden Entwicklung, in der sich die gute Tradition mit dem Zukünftigen verbindet...«

Zeittafel 1933-1948 (Mainzer Lokalereignisse)

28. 01. 1933	Budenheim, Sprengstoffdiebstahl von 125 kg Diorit
30. 01. 1933	Machtergreifung Hitlers
30. 01. 1933	Hungermarsch von 3 000 Arbeitslosen zum Halleplatz nach Aufruf der SPD und KPD
04. 03. 1933	Aufmarsch der NSDAP mit Fackelzug durch die Ludwigstraße
05. 03. 1933	Wahl zum Reichstag. Die NSDAP bekommt in Mainz nur 37,5 Prozent
07. 03. 1933	Hissen der Nazi-Fahne auf dem Rathaus in der Stadthausstraße und Haussuchung bei der Volkszeitung in der Zanggasse
10. 03. 1933	SA-Boykott jüdischer Geschäfte und Ehape-Läden (Einheitspreisgeschäfte)
20. 03. 1933	Der Staatskommissar für das Polizeiwesen in Darmstadt erklärt die Amtszeit von Dr. Wilhelm Erhard (Oberbürgermeister) für beendet. Danach kommissarischer Leiter Philipp Wilhelm Jung aus Nieder-Flörsheim
01. 04. 1933	Boykott jüdischer Geschäfte
19. 04. 1933	Die SA besetzt das Gouvernement und benennt es in »Braunes Haus« um
24. 05. 1933	Dr. Robert Barth wird kommissarischer Oberbürgermeister von Mainz
24. 06. 1933	Sonnwendfeiern auf dem Halleplatz und dem Gonsenheimer Sand. Bücherverbrennung von geächteten Schriften
01. 01. 1934	Mainzer Anzeiger wird parteiamtliches Organ der NSDAP in Mainz und Rheinhessen und heißt nun »Gauamtszeitung«
02. 01. 1934	Wahl von Dr. Robert Barth aus Goddelau-Südholz zum Oberbürgermeister von Mainz. Er war gleichzeitig Obersturmführer der SA-Standarte Nr. 117
09. 07. 1934	Verurteilung der vier Gonsenheimer zu sieben bzw. acht Jahren Zuchthaus – »Budenheimer Sprengstoffdiebstahl« vor dem Reichskammergericht in Leipzig
15. 01. 1935	Mainz feiert den Sieg an der Saar, des Endes des Protektorats Frankreichs über das Saarland
16. 03. 1935	Deutschland führt die allgemeine Wehrpflicht ein und stockt das 100 000-Mann-Heer auf 500 000 Mann auf
01. 05. 1935	Erste Maifeier auf dem neu angelegten »Thing-Platz« vor dem alten Fort Weisenau
20. 05. 1935	Feierlich weiht Hitler das erste Teilstück der 46 km langen Autobahn bei Frankfurt ein
27. 05. 1935	Nach einem schweren Wolkenbruch steht ein Großteil von Gonsenheim und Finthen unter Wasser
26. 06. 1935	Das Reichsluftschutzgesetz verpflichtet jeden Deutschen zur Mitwirkung bei Luftschutzmaßnahmen
07. 03. 1936	Einmarsch der Wehrmacht in die entmilitarisierte Zone westlich des Rheins über die Rheinbrücke
08. 10. 1936	Tag der »alten Kämpfer« mit Reichsorganisationsminister Robert Ley
26. 10. 1936	Erfreuliche Meldung: Die Mainspitze ist frei von Arbeitslosen
11. 01. 1937	»Eintopfsonntag« mit Mainzer Karnevalisten unter dem Motto: »Helau mit Löffelschwingen«
16. 03. 1937	Die Wache der Wehrmacht zieht vor dem Osteiner Hof auf
18. 04. 1937	Gautagung des NS-Lehrerbundes. Es spricht Alfred Rosenberg in der Stadthalle
31. 07. 1937	Mainz wirbt auf der Weltausstellung in Paris u. a. mit der Gutenberg-Werkstätte
14. 08. 1937	100 Jahre Gutenbergdenkmal
02. 09. 1937	Große Luftschutzübung in Mainz mit zwei »Fliegeralarmen« um 8.56 und 10.00 Uhr
09. 10. 1937	Kreisleiter Fritz Fuchs wird feierlich in sein Amt eingeführt
01. 04. 1938	Zwangseingemeindung von Gonsenheim nach Mainz
24. 09. 1938	Sprengstoff-Fund am Bahnkörper (8 Kanonenschläge)
11. 10. 1938	Adolf Hitler fährt vom Bahnhof zum Halleplatz anläßlich seiner Rheinreise
24. 10. 1938	NSDAP-Parteitag auf dem Adolf-Hitler-Platz (Halleplatz) und in der Stadthalle
09./10. 11. 1938	Reichskristallnacht. Die Synagoge in der Hindenburgstraße brennt, Sprengung der Kuppel nach dem Brand; Verwüstung jüdischer Geschäfte und Wohnungen durch nazistische Banden
01. 09. 1939	Beginn des Zweiten Weltkrieges mit Überfall auf Polen
01. 09. 1939	Oberbürgermeister Dr. Barth meldet sich als Kriegsfreiwilliger
05. 11. 1939	Erste Flieger über Mainz – ein Abschuß –
09. 11. 1939	Deutsche Maschine über Budenheim abgeschossen
01. 02. 1940	Einquartierung von deutschen Truppen in Mainz für Aufmarsch nach Frankreich
20. 04. 1940	Engl. Flugzeuge über Mainz werfen Flugblätter
25. 05. 1940	Die Gestapo meldet Mainz als zigeunerfrei
14. 06. 1940	Polen werden nach Mainz gebracht und zur Feldarbeit eingesetzt
18. 06. 1940	Feindliche Flugzeuge überfliegen Mainz
05. 08. 1941	Bombardierung von Kastel durch die RAF, Reduit-Kaserne brennt nieder
13. 09. 1941	Bombenabwurf. Erste Tote in Mainz, Erthalstraße 13, durch Luftmine, Schäden am Hauptbahnhof
01. 01. 1942	Aktion Wollspende als »Winterhilfsspende« – 35 Waggons im Gaugebiet gesammelt
20. 03. 1942	Erste Judendeportation erfolgt aus Mainz, offiziell »abgewanderte Juden«
29. 03. 1942	Tag der Wehrmacht – brachte 640.000,- RM ein
15. 05. 1942	Oberbürgermeister Robert Barth fällt als Kompanieführer an der Ostfront
19. 07. 1942	Soldateneinsatz im Ernteurlaub

12./ 13. 08. 1942	Großangriffe der RAF auf Mainz. Schwere Zerstörungen – Obdachlose. Zweite Nacht tieffliegende Bomber. Das Stadtzentrum, Rheinstraße, Ludwigsstraße, Neustadt werden schwer getroffen
03. 09. 1942	Ernennung von Heinrich Ritter zum neuen Oberbürgermeister von Mainz mit viel Naziprominenz, u. a. Reichsinnenminister Dr. Frick und Gauamtsleiter Jakob Sprenger
10. 02. 1943	Beschluß: Wehrpflicht bis Jahrgang 1894; die beiden oberen Schulklassen aller Schulen kommen zur Heimatflak
15. 02. 1943	Mainzer Gymnasiasten aus den Sekunden müssen zur Flak
20. 12. 1943	Nachtangriff der RAF. Schwere Schäden an der Rheinseite und in Weisenau sowie in der Großbergsiedlung
07. 01. 1944	Letzte Juden aus Mainz werden deportiert
22. 03. 1944	Angriffe auf Erbenheim
30. 03. 1944	Größter Erfolg der I. Nachtjagdgruppe 6 in Mainz-Finthen mit sieben Abschüssen; insgesamt 132 Abschüsse bei einem RAF-Angriff auf Nürnberg
09. 05. 1944	Luftkampf über Weisenau
10. 05. 1944	V_1-Versuch über Wiesbaden
23. 08. 1944	Verhaftung der letzten Demokraten, hauptsächlich der SPD'ler in Mainz
27. 08. 1944	Einführung der 60-Stunden-Woche und harte Strafbestimmungen
03. 09. 1944	Tiefflieger-Angriffe auf Rheinschiff-Fahrt inclusive Paddelboote
08. 09. 1944	Schwerer Angriff auf Kastel
09. 09. 1944	Schließung der Mainzer Schulen
09. 09. 1944	Schwerer Angriff auf Mainz, Alt- und Neustadt
13. 09. 1944	Angriff auf Mainz – Schäden in der Neustadt und im Schlachtviehhof
21. 09. 1944	Schwerer Angriff auf Mainz Stadtmitte
27. 09. 1944	Tag-Angriff auf Mainz
09. 10. 1944	Tag-Angriff auf Mainz
18. 10. 1944	Führererlaß zur Bildung des Volkssturms
19. 10. 1944	Bombardierung Weisenaus
08. 11. 1944	Tieffliegerangriff auf die Mainzer Rheinfront
09. 11. 1944	Tieffliegerangriff auf die Mainzer Rheinfront
12. 11. 1944	Vereidigung des Volkssturms
10. 12. 1944	Vereidigung des Mainzer Volkssturms
18. 12. 1944	Angriff auf Mainzer Hauptbahnhof und Mombach durch die USAAF
28. 12. 1944	Angriff auf die Eisenbahnbrücke – ohne Erfolg –
30. 12. 1944	Angriff auf die Portlandwerke und Rheinbrücken durch die 8. USAAF
01. 01. 1945	Angriff auf Hauptbahnhof Mainz
1./ 2. 02. 1945	Schwerer Angriff auf Weisenau, Zerstörung der Christuskirche, Kaiserstraße durch die RAF
14. 02. 1945	Angriff auf Kaserne Weisenau, Heiligkreuzweg
27. 02. 1945	Groß-Angriff auf Mainz, durch die RAF schwerste Zerstörungen, über 1 200 Tote
06. 03. 1945	Bau der Panzersperren und Legen von Tellerminen. Abschiebung der Obdachlosen aus Mainz
17. 03. 1945	Volkssturm aus dem Vogelsberggebiet geht in Stellung. Geschütze stehen am Hewell
17./ 18. 03. 1945	Alle drei Brücken werden vom Pionierbataillon 33 gesprengt
19. 03. 1945	Der »Mainzer Anzeiger« stellt sein Erscheinen ein
20. 03. 1945	13.30 Uhr Artilleriebeschuß durch die 90. US-Division beginnt
21. 03. 1945	Oberbürgermeister Heinrich Ritter und Dr. Wehner setzen sich mit der Fähre nach Kastel ab
22. 03. 1945	Die 90. US-Division besetzt Mainz bis zum Rheinufer
23. 03. 1945	Bauschlosser Schunk wird zum Bürgermeister von Mainz ernannt. Artillerieduell von Hechtsheim und Hochheim aus. Deutsche Gefangene lagern auf dem Gelände des Kreisleiters Fuchs im Römerwall
25. 03. 1945	Regierungsrat Dr. Walther beim Kriegsentschädigungsamt wird Bürgermeister von Mainz
28. 03. 1945	Erster Aufruf an die Mainzer Bevölkerung durch Oberbürgermeister Dr. Walther
27./ 28. 03. 1945	Die Amerikaner, 80. US-Division, greifen das rechte Rheinufer an, erobern Kastel, Amöneburg, Kostheim und Hochheim und dringen bis Wiesbaden vor
14. 04. 1945	Einweihung der Franklin-D.-Roosevelt-Memorial-Railway-Bridge durch General George S. Patton
27. 04. 1945	Die Mainzer Nachrichten erscheinen mit amtlichen Mitteilungen
14. 05. 1945	Beschulung der unteren Klassen
24. 05. 1945	Erste Kriegsgefangene kommen zurück
27. 05. 1945	Wieder Strom für Mainz. Schließung der Banken
14. 06. 1945	Die Amerikaner übergeben die Leitung der Bahn in deutsche Hände
15. 06. 1945	Die ersten Züge fahren wieder
24. 06. 1945	Die katholischen Nachrichten erscheinen
01. 07. 1945	Regierungspräsidium für Rheinhessen und Mainz nimmt in der Kaiserstraße seine Arbeit auf
09. 07. 1945	Franzosen kommen nach Mainz als Besatzungsmacht. Abtrennung der rechtsrheinischen Vororte von Mainz
10. 07. 1945	Mittelrhein-Saar werden den Franzosen zugewiesen
26. 07. 1945	Metzger erhalten den Abfall von Schlachtungen von den Franzosen zum Wurstmachen zugewiesen
29. 07. 1945	Nach 151 verkehrsfreien Tagen nimmt die Straßenbahnlinie 10 den Betrieb zwischen Finthen, Gonsenheim und dem Depot auf
16. 08. 1945	General Bouley setzt Dr. Walter ab
18. 08. 1945	PGs müssen ihre Wohnungen räumen und zusammenziehen
20. 08. 1945	Neue Wochenrationen: 800 g Brot und 50 g Fleisch
26. 08. 1945	Emil Kraus zum neuen Oberbürgermeister von Mainz bestimmt
08. 09. 1945	Gründung der Bardo-Gilde
10. 09. 1945	Hauptbahnhof auf den meisten Gleisen wieder benutzbar
22. 09. 1945	Auf Anordnung der französischen Militärregierung erfolgt Gründung eines Gemeinderats-Ausschusses
01. 10. 1945	Aufnahme des regulären Schulbetriebs für 8 500 Schulkinder
03. 10. 1945	Ehemalige Parteimitglieder müssen die Rheinstraße räumen
04. 10. 1945	General de Gaulle in Mainz
26. 10. 1945	Die erste Tageszeitung »Neuer Mainzer Anzeiger« erscheint wieder
02. 11. 1945	Schiffahrt von Karlsruhe bis Bacharach freigegeben
09. 11. 1945	Schiffahrt von Straßburg bis Rotterdam freigegeben
16. 11. 1945	Einsturz der Holztorschule, 17 Mädchen der 8. Klasse sowie Rektor Schröder und Lehrerin Munk kommen in den Trümmern um
13. 12. 1945	Es können sich demokratische Parteien gründen
18. 12. 1945	Weihnachtsmarkt der Mainzer Künstler in der Augustinerstraße
28. 12. 1945	Schwerer Sturm über Mainz, viele Ruinen stürzen ein, sechs Tote

18. 01. 1946	Einweihung der Alexander-Patch-Bridge und Einweihung der C.-Marshall-Bridge durch General Joseph Taggert Mc Narney, US Army, Général de Monsabert, 1. französische Armee
20. 01. 1946	Neugründung der Mainzer Sportvereine in der Markthalle
02. 02. 1946	Mainzer Abend im Rahmen des Kulturbundes vom MCV in der Kunstgewerbeschule
Saison 1946	Spiele der 46./47. Zonenliga Nord, 16 Vereine, u. a. Mainz 05, Gonsenheim und Weisenau
22. 05. 1946	Neueröffnung und Einweihung der Universität (von 1477) in der ehemaligen Flakkaserne
24. 05. 1946	Eröffnung der Universität
15. 09. 1946	Wahl des ersten Mainzer Nachkriegsstadtrates
21. 09. 1946	Eröffnung des ersten Mainzer Nachkriegsweinmarktes auf dem Halleplatz mit 1 Flasche Wein pro Tag für Erwachsene über 21 Jahre
22. 09. 1946	Wahl von Oberbürgermeister Emil Kraus mit 30 von 36 Stimmen des Stadtparlamentes
17. 11. 1946	Wahl für Kreis- und Gemeindeverwaltungen
18. 01. 1947	Wahl des Kreis-Sport-Ausschusses
Jan./Febr. 1947	Kampagne '47, Seppel Glückert wieder als Protokoller des MCV
01. 03. 1947	1 Ei für den Monat März pro Erwachsenen
25. 04. 1947	Volksentscheid für den Verfassungsentwurf
04. 07. 1947	Eröffnungssitzung des Landtags in Koblenz
11. 07. 1947	Die »Freiheit«, Organ der sozialdemokratischen Partei, erscheint
05. 07. 1947	Elefanten des Circus Fischer ausgebrochen, von Rheinstraße in Richtung Große Bleiche – Kaiserstraße eingebogen
15. 08. 1947	Erste Rhein-Dampfer-Fahrt, linksrheinisch, durch den ADAC
01. 11. 1947	»Corso« Speiserestaurant im linken Seitenflügel des Theaters, eine Speisegaststätte in der Gaugasse, sonst Volksküchen
07. 05. 1948	Fahrgastschiff »Mainz« der weißen Flotte wieder eingesetzt
13. 06. 1948	Großes Motorradrennen in der Innenstadt vor 100 000 Besuchern
20. 06. 1948	Währungsreform Im Pulverturm wird das »Kopfgeld« von 40,- DM ausgezahlt

Bibliographie

Abts, Willi; Delorme, Karl; Germer, Peter; Heinzelmann, Josef; Schmelzeisen, Volker; Wahl, Rainer: Einhundert Jahre SPD Mainz-Gartenfeld, Mainz 1979

Aders, Gebhard: Geschichte der deutschen Nachtjagd 1917/1945, Stuttgart 1977

Allen, Robert S: Lucky forward: The history of Patton's Third US Army, New York 1947

Beckenbach, Johann: Das »Dritte Reich« – Wie es war, Bericht eines Betroffenen (1933-1945), Alzey 1983

Bekker, Cajus: Ein Kriegstagebuch der deutschen Luftwaffe, München 1964

50 Jahre Berufsfeuerwehr Mainz – 1906/1956, Mainz 1956

Brilmayer, Carl-Gesellschaft: Märtyrer 33/45 – Verfolgung und Widerstand der Kirche im Bistum Mainz, Gau-Algesheim 1984

Büttner, Winfried: Die Mainzer Polizei 1945 in Mainz, Heft 3/4, Mainz 1982

Butter, Rüdiger: Propaganda und Werbung im Nationalsozialismus im Raume Mainz, Facharbeit am Gymnasium Mainz-Gonsenheim, Mainz 1981

Büchner, Hans-Joachim: Die Mainzer Neustadt, Mainz 1977

Bundesbahndirektion: 50 Jahre Eisenbahndirektion Mainz, Mainz 1947

Bundesbahndirektion: Festschrift zur Einweihung, Mainz 1955

Bundesbahndirektion: Die Bundesbahn, Heft 22/1956, Darmstadt 1956

Die Bundesbahn: Sechs Jahre Wiederaufbau, Bad Hersfeld 1951

Carter, Kit C. and Mueller, Robert: Comhat Chronology 1941-1945 (The Army Air Forces in World War II), Washington 1973

Cartier, Raymond: Der Zweite Weltkrieg, Band I u. II, München 1967

Decker, Sabine; Salassel, Nadja: Alltag in der Mainzer Domgemeinde 1939-1945, Mainz 1983

Dollinger, Hans: Die letzten hundert Tage, Wiesbaden 1965

Dombrowski, Erich; Kraus, Emil; Schramm, Karl: Wie es war, Mainz 1965

MacDonald, Charles B.: European Theater of Operations, Washington 1973

MacDonald, Charles B.: The last offensive, Washington 1973

Duchhardt-Bösken, Sigrid: Das Bischöfliche Ordinariat Mainz und der Nationalsozialismus bis 1933, Mainz 1983

Exposition du Musée de l'Armée: La France et le Rhin, Paris 1947

Falck, Richard: Rhein-Main-Gebiet und Lauterbach im Frühjahr 1945, Lauterbach 1958

Flake, Otto: Die Deutschen, Karlsruhe 1946

Felber, Hans Gustav: Kämpfe zwischen Westwall und Main, in Studie B-831, Washington 1948

Fink, Otto E.: Wiesbadener Bildchronik 1866-1945, Wiesbaden 1979

Forty, George: Pattons's Third Army at war, London 1978

Freeman, Roger A.: Mighty Eight War Diary, London 1982

125 Jahre Freiwillige Feuerwehr Mainz-Innenstadt, 1849-1974, Mainz 1974

100 Jahre Freiwillige Feuerwehr Mainz-Drais, Mainz 1983

Funk, Bruno; Jung, Wilhelm: Das Mainzer Rathaus, Mainz 1974

Gersdorff, Rudolf-Christoph Frhr. v.: Die Endphase des Krieges, in Studie A-893, Washington 1948

Gersdorff, Rudolf-Christoph Frhr. v.: Soldat im Untergang, Frankfurt 1977

Gläsel, Jochen; Best, Dieter: Die Maßnahmen der Stadt Mainz zum zivilen Luftschutz, Mainz 1983

Gruhe, Frank: Alltag im Dritten Reich, Zürich 1982

Grünewald, Paul: KZ Osthofen, Frankfurt 1979

Gouvernement Militaire de la Zone française: Deux ans d'Activité, Baden-Baden 1947

Haenlein, Willi: Wiederaufbau, Mainz 1951

Häußler, Bernd: Frankfurt 1933-1945, Frankfurt 1983

Hahn, Johann; Kölsch, Reiner; Krayer, Eberhard: Demokratischer Neubeginn in Mainz 1945/46, Facharbeit am Gymnasium Rhabanus-Maurus Mainz, Mainz 1976

75 Jahre Hafen der Stadt Mainz, Mainz 1962

Hartmann, Egon: Analyse einer städtebaulichen Entwicklung, Darmstadt 1963

Haupt, Werner: Das Ende im Westen, Dorheim 1972

Haupt, Werner: Endkampf im Westen 1945, Dorheim 1979

Hoffmann, Karl Otto: Geschichte der Luftnachrichtentruppe, Bd. 2, Teil I, Neckargemünd 1968

Hüttenberger, Peter: Die Gauleiter, Stuttgart 1969

Irving, David, J.: Und Deutschlands Städte starben nicht, Zürich 1967

Informationszentrum Berlin: Für immer ehrlos, Heft 8, Berlin 1981

Jungkenn, Ernst: So war es – Beilage zur Landeskrone, Oppenheim 1955

Keim, Anton: Die Juden in Mainz, Mainz 1968

Keim, Anton: Tagebuch einer jüdischen Gemeinde, 1941-1943, Mainz 1968

Keim, Anton: 11mal politischer Karneval, Mainz 1981

Klassert, Josef: Die Theodor-Heuss-Brücke in Mainz, Bingen 1981

Klose, Werner: Es begann 1945 – Helm ab, wir wollen studieren!, Mainz 1976

Kneip, Jakob: Die geistige Aufgabe am Rhein, Mainz 1948

Koch, Horst Adalbert: Flak – Die Geschichte der deutschen Flakartillerie, Bad Nauheim 1966

Kogon, Eugen: Der SS-Staat, Gütersloh 1981

Krieg, F.: Tätigkeitsbericht der Feuerwehr, Einsatzbereitschaft I. Jägerstraße, Nachlaß Stadtarchiv, Mainz

Kropat, Wolf-Arno: Hessen in der Stunde Null 1945/47, Wiesbaden 1979

Kreppel, Friedrich: Der Kampf um die Pfalz, Bad Dürkheim 1980

Kulturdezernat der Stadt Mainz: Die Mainzer Kunstszene nach der Stunde Null 1945-1954, Mainz 1982

Kulturdezernat der Stadt Mainz: Mainz – Fotografische Erinnerungen 1845-1945, Mainz 1980

Kulturdezernat der Stadt Mainz: Machtergreifung in Mainz 1933, Mainz 1983

Kurowski, Franz: Der Luftkrieg über Deutschland, Düsseldorf 1977

Kurowski, Franz: Die Schlacht um Deutschland, München 1981

Kurtz, Richard: Mainz in Flammen, Mainz 1951

La Roche, Heinz: Rheinadel, Mainz 1982 (Manuskript)

Leicher, Günther: Der Kampf um den Rhein (Beilage zur AZ), Mainz 1975

Leitermann: 2000 Jahre Mainz, Mainz 1962

Monz, Suitbert: Das Novemberpogrom 1938 in Mainz – Facharbeit im Theresianum Mainz, Mainz 1979

Leonhardt, Walter: Als Deutschland ein Straflager war (Beilage der Zeit), Frankfurt 1975

Licht, Hans: Oppenheim – Geschichte einer alten Reichsstadt, Oppenheim 1975
Link, Rita: Die Mainzer Fastnacht – Analyse eines Stadtfestes, Mainz 1977
Lods, Marcel: Baumeister, 46 Jahrg., Heft 6, Darmstadt 1949
25 Jahre Mainzer Automobilclub MAC, Mainz 1953
May, E.: Mainz – Schicksal einer Stadt, Berlin/Darmstadt 1953
Mathy, Ernst: Geschichte der Universität Mainz, Mainz 1972
Middlebrook, Martin: Die Nacht, als die Bomber starben, Frankfurt/Berlin 1975
Moerlé, Karl; Halama, Hans: Fastnacht, Mainz 1963
Müller-Werth, Herbert: Wiesbaden 1945-1951, Wiesbaden 1952
Müller, Helmut: Fünf vor null, Münster 1972
Neise, Harald: Mainz und seine Straßenbahn 1883-1983, Stuttgart/Berlin/Köln/Mainz 1983
Neliba, Dieter H.: Eisenbahnbrücken im Raum Mainz-Wiesbaden, Ginsheim 1979
Neu, Peter; Orth, Hubert: Am Ende das Chaos, Archiv Landkreis Bernkastel-Wittlich, Band 4/1982
Oppenheim, Michel: Gedanken zum neuen Aufbau der Stadt Mainz, Mainz 1945
Passet, Gotthard; Reißer, Klaus: 75 Jahre Berufsfeuerwehr Mainz 1906-1981, Mainz 1981
Pans, P.: Kampf um den Schicksalsstrom, Bad Nauheim 1982
Patton, George S.: Krieg, wie ich ihn erlebte, Bern 1950
Pering, Josef: Kampf am Rhein – Frühjahr 1945, Kamp o. J.
Peukert, Detlef: Alltag unterm Nationalsozialismus, Berlin 1981
Pichler, Gottfried: Als Mainz in Schutt und Asche lag (Beilage zur AZ), Mainz 1975
Ploetz: Geschichte des Zweiten Weltkrieges, Würzburg 1960
Rapp, Eugen Ludwig: Chronik der Mainzer Juden, Mainz 1977
Rauschert, Manfred: Sprengkommandos, Stuttgart 1980
Record Group 243: United States Strategic Bombing Survey III a (1766), Washington 1944 u. 1945
Reichsbahndirektion: 40 Jahre Reichsbahn Mainz 1897-1937, Mainz 1939
Reichert, Hans Ulrich; Brodmann, Roman: Europa unterm Hakenkreuz, Köln 1982
Ries, Karl: Das alte Finthen – ein Dorfbild, Mainz 1982
Rumpf, K.: Der hochrote Hahn, Darmstadt 1952
Rust, Kenn C.: The 9th Air Force in World War II, Fallbrock (Calif.) 1970
o. Autor: SA in Hessen, Groß-Gerau 1935
Sagel-Grande, Irene; Fuchs, H. H.; Rueter, C. F.: NS-Verbrechen und Justiz, 22 Bände, Amsterdam 1968
Schmid, Armin: Frankfurt im Feuersturm, Frankfurt 1965
Schmidt, Klaus: Die Brandnacht in Darmstadt, Darmstadt 1964
Straßenbahn: 50 Jahre Mainzer Straßenbahn, Mainz 1954
SA-Geschichte der Brigaden 50 u. 150, Groß-Gerau o. J.
Saemüller, Hugo: Bewegungen der Division Nr. 172 März/April 1945, in Studie B 126, München 1951
Schmidt, Matthias: Albert Speer – Mythos und Wirklichkeit, Berlin 1982
Schnatz, Hans: Luftkrieg über Koblenz, Boppard 1981
Schramm, Percy E.: Kriegstagebuch des Oberkommandos der Wehrmacht 1944-1945, München 1982
Schwan, Heribert; Steininger, Rolf: Besiegt, besetzt, geteilt, Hamburg 1979
Süß, Martin: Die nationalsozialistische Machtergreifung in Mainz – Facharbeit im Rhabanus-Maurus-Gymnasium, Mainz 1980
Stadtarchiv Mainz: Kriegschronik I, 1-5, 1943 ff.
Stadtbuch Verlag Mainz o. A.: Mainz zerstört, Mainz 1982
Spaniol, Rosel: Frühere Eisenbahnanlagen in Mainz (einst und jetzt), Karlsruhe 1979
Statistik der Stadt Mainz: Statistik 1871-1979 (Amt für Statistik Mainz), Mainz 1982
Stenz, Carl: Die Zerstörung von Mainz, Mainz 1964
Steurich, Alfred: 6. SS-Gebirgsdivision Nord – 1940-1945, Osnabrück 1976
The Bomber's Baedekker 2nd (1944 Edition) Part II
Thies, Jochen; Daak, Kurt: Südwestdeutschland – Stunde Null, Düsseldorf 1979
Tiefbauamt Mainz: Jahresbericht 1946, Mainz 1946
Tippelskirch, von: Geschichte des Zweiten Weltkrieges, Bonn 1956
Trees, Wolfgang: Schlachtfeld Rheinland, Aachen 1977
Twichell, Heath: The History of the 333 Engineer Special Service Regiment, Groß-Gerau 1946
Verrier, Anthoni: Bomberoffensive gegen Deutschland, Frankfurt 1970
Weber, Jakob: Die Kriegsjahre 1939-1945, erlebt in Weisenau, Tagebuchaufzeichnungen, Mainz 1979
Webster, Charles; Frankland, Nohle: The strategic air offensive against Germany, London 1961
Westermann, Otto: Junge Eisenbahn im 2000jährigen Mainz, Mainz o. J.
Wiliams, Floyd: 718th Railway Operating Battalion, Mainz 1945
Wothe, Heinrich: Mainz – ein Heimatbuch, Mainz 1929
Zuber, Walter: Alzey anno dazumal II, Landau 1982

Zeitschriften

Mainzer Anzeiger	Jahrgänge 1933-1945
Neuer Mainzer Anzeiger	1945-1947
Allgemeine Zeitung	1947-1948
Mainzer Nachrichten	1945-1946
Time-Life	March 1945
The Stars and Stripes	1945-1946
Mainzer Almanach	1962
Mainz Vierteljahreshefte	1981-1984
Merian 2. Halbheft	1949

Quellennachweis der Abbildungen und Zeichnungen

Imperial War Museum, London: 43, 75, 99
U. S. Army, Signal Corps, Washington: 84, 85, 88, 90, 97, 98, 103, 111, 112
Archiv Berufsfeuerwehr Mainz: 16, 19 beide, 40
Heinz Reinstadler, Mainz: 57, 58
Archiv für neueste Mainzer Zeitgeschichte H. Leiwig: 15, 17, 21, 25, 26, 27, 35, 36, 47, 49, 75, 117, 131, 135, 140, 145, 147
Archiv des Mainzer Automobilclubs, Mainz: 138, 139 beide
Luftfahrt-Archiv Karl Ries, Mainz: 16 beide, 24, 31, 53, 55 beide, 57, 59, 133
Archiv Winfried Büttner, Mainz: 23, 28, 29 beide, 130, 132
Archiv Richard Häusser, Mainz-Gonsenheim: 41
Stadtarchiv Mainz: 14, 20, 44, 50, 52, 53, 54, 62, 73, 117, 125, 131, 137 beide
Karin Eckert, Mainz: 113, 141, 143, 146
Heinz Leiwig, Karte: 69, 83
Jochen Grün, Karte: 83
F. Eppstein, Jüdische Gemeinde Mainz: 32
Hans Hornung, Mainz-Mombach: 21, 22 beide
333 Railway Regiment, Groß-Gerau: 124

The National Archives and Records Service, Washington: 45, 76, 77, 80, 85, 103, 107, 119, 121, 122, 124
Ernst Simon, Los Angeles: 77, 116, 123
718. Railway-Operating-Battalion, Mainz: 115 beide, 116
Dr. Hermann Berg, Domdekan Mainz: 118
Norbert Beaury, Mainz: 46, 47, 48, 49, 50, 78, 79
Reichspropagandaministerium (eh.) Berlin: 34, 37
Willi Veit, Mainz: 33
Hans Jennemann: 25, 26, 33
Fritz Secker, Mainz-Kastel: 31, 36, 58
Wolff u. Tritschler, Offenburg: 130, 135, 136
University of Keele, England: 42, 51, 61, 67, 71
Photo Cinéma vidéo des armées Fort d'Jvry, Paris: 126 beide, 127, 129 beide
Archiv »Stars and Stripes«, Darmstadt: 87, 89, 91, 93 beide, 94, 95, 96, 99 beide, 100, 101, 105
Gesellschaft für Heimatgeschichte Mainz-Kastel e. V.: 63
Fa. Hoechst, Werk Albert, Amöneburg: 65 beide

Danksagungen

Der Herausgeber dieses Buches ist folgenden Personen und Institutionen zu besonderem Dank verpflichtet:

Peter Baumann, Fotografik, Mainz
Heinz Becker (ehem. Flaksoldat 35/100 z. b. V.), Bochum
Martin Becker (ehem. Oberleutnant und Kommandant I/NGJ 6), Wiesbaden
Dr. Hermann Berg, Domdekan, Mainz
Wilhelm Betz † (ehem. Horstkompanie Fliegerhorst Finthen), Mainz
Lieselotte Braun, Westdeutscher Rundfunk, Köln
Dr. Bernhard Bröckerhoff (ehem. Heeresflakbtl. 66), Emmerich
H. Brügel, Fa. Hoechst, Werk Amöneburg, Amöneburg
Michael Brumby, Bildarchiv der Stadt Mainz, Mainz
Winfried Büttner, Hauptkommissar, Mainz
Max Brückner, Ortsvorsteher, Weisenau
Dieter Busch, Winterbach
Edwin E. Cookson, Modern Military Headquarters Branch, Washington D. C. U.S.A.
Ronald R. Courtney, Chief, Mail and Distribution Division, Washington D. C. U.S.A.
Dr. Ella Darapsky, Mainz
Eugen Eckstein (ehem. Oberleutnant des Pionierbataillons 33 Mainz-Kastel), Neustadt/W.
Jane C. Dickens, Defense Audiovisual Agency, DAVA
Still Photo Depository Activity, Washington D. C. U.S.A.
F. Dr. Duchhardt-Bösken, Bischöfliches Archiv, Mainz
Karin Eckert (ehem. Luftwarndienst Mainz), Mainz
Chris Everitt, Windsor, England
Dr. Ludwig Falck, Stadtarchiv Mainz, Mainz
H. Folz, Verwaltungsstellenleiter Ortsverwaltung Mainz-Gonsenheim
Heribert Grebner, MAC Mainz, Mainz
Franziska Richter, Mainz-Mombach
Heinrich Haas (ehem. Bürgermeister), Hahnheim
Rudolf Hartmann, Wiesbaden
Richard Häusser, Archiv Mainz-Gonsenheim, Mainz
Werner Haupt, Bibliothek für Zeitgeschichte, Stuttgart
H. Helfer, Staatsarchiv Wiesbaden
Hans Hildebrandt, Staatsarchiv Darmstadt, Darmstadt
Emmy Hornung (ehem. Reichsbahn), Mainz
Bernhard Jahntz, Staatsanwalt, Kriminalgericht Moabit, Berlin
Christian Jakobs, Commission de L'information historique pour la paix, Paris
Dr. Anton M. Keim, Kulturdezernent der Stadt Mainz, Mainz
Philipp Kepplinger, Stadtarchiv Mainz, Mainz
H. Mayer, Bundesarchiv, Militärarchiv, Freiburg
Martin Middlebrook, Historiker, Boston, England
Lutz Kickelhahn jr. (Repros), Mainz-Finthen
Annemarie Lutz (ehem. Dolmetscherin), Mainz
Anton Leiwig (ehem. Häftling Lager »Rhein«), Mainz
Werner Maria Lux, Buchhändler, Mainz-Gonsenheim
Erich Günter Martin, Leiter des Hauptamtes (ehem. Flakhelfer 2/365), Mainz
Prof. Dr. Helmut Mathy, Mainzer Altertumsverein
Harald Neise, Straßenbahnarchiv, Mainz
Dieter Neliba, Eisenbahnarchiv, Ginsheim
Ortwin Nossinsky, »The Stars and Stripes«, Darmstadt
Hans Plattner, Nieder-Olm
Barbara Puchta (Skript), Wiesbaden
Heinz Reinstadler (ehem. Flakhelfer 3/365), Mainz
Karl Ries (ehem. Flakhelfer 241/VII), Mainz-Finthen
Ludwig Röder (ehem. Panzerjäger-Ersatz 33), Mainz
Dr. Helmut Schnatz, Koblenz
Franz Schönemann, Deutsche Dienststelle, Berlin
Fritz Secker (ehem. Flakhelfer 5/322), Mainz-Kastel
H. Trier, Hauptfriedhof, Mainz
Dr. E. Trumpp, Bundesarchiv, Koblenz
Alfons Rudolf, Eisenbahnfreunde, Mainz
Klaus Hartland (ehem. Häftling Außenkommando Fliegerhorst Finthen SS-Sonderlager Hinzert), Zaandam
Dr. Gottfried Schmidt, Mainz
Hugo Schickel (ehem. Häftling Außenkommando Weisenau SS-Sonderlager Hinzert), Luzern
Hans Schuch, Mainz-Hechtsheim
Norbert Schüler, Ortsvorsteher, Mainz-Drais
Friedrich Schütz, Stadtarchiv Mainz
Wilhelmine Schunk, Mainz
Ernst Simon, Los Angeles, California, U.S.A.
C. D. Steel, Ninetieth Division Assoziation, Raytown, Missouri, U.S.A.
Fritz Stenner † (ehem. Hilfspolizist), Mainz-Drais
Dominique Veillon, Comité d'Histoire de la Deuxieme Guerre Mondiale, Paris
H. Vogel, Waldfriedhof Mombach, Mainz
George Wagner, Modern Military Branch, Military Archives Division, National Archives Washington D. C. U.S.A.
Robert N. Waggoner, Colonel, FA Chief Historical Services Division Washington D. C. U.S.A.
Mrs. S. Walton, Department of Geography, University of Keele, Staffordshire, England
Mrs. Wearer, Researcher, U.S. Army Audio-Visual Activity, The Pentagon, Airlington, Va. U.S.A.
Anton Werner, Mainz
K. L. Wilhelm (ehem. Flakhelfer), Mainz
Angela W. Wootton, Imperial War Museum, London, England
Ferdinand Zipp, Nieder-Olm

Besonderen Dank meiner lieben Frau Inge, welche diese Arbeit über Jahre tätig begleitete und mir mehr Beistand hat zuteil werden lassen, als im Ehekontrakt eigentlich vorgesehen war.

Anhang

Angriffe der 8. USAAF und RAF auf Mainz während des Zweiten Weltkrieges

Lfd. Nr.	Datum	Uhrzeit	Verband	Sicht-markierung	Bombardement Group und Bomb Division BD	Anzahl der Bomber und Typ	Abgeworfene Sprengbomben Generalpurpose GP	Abgeworfene Bombenlast Brandbomben Incendiary bombs IB	Tonnage total	Ziel	Betroffene Stadtgebiete	Tote	Angriffs-höhe in Fuß	Wolken-bedeckung cloud	Abschüsse
1	5./6. November 1939		AAF	Vis	1 Potez 63	2	Flugblätter	-	-	-	-	-	-	-	1 bei Gernsheim Absturz
2	9./10. November 1939		Luftwaffe			1	-	-	-	-	-	-	-	-	1 bei Budenheim Absturz
3	20./21. April 1940		RAF	Vis		2	Flugblätter			-	-	-	-	-	-
4	23./24. Mai 1940		RAF	Vis		48	Treibminen			Rheinfront Emmerich Main Eisenbahnanlagen	-	-	-	-	-
5	27./28. August 1940	0.00-3.15	RAF	Vis		33	Treibminen			Überflüge	GFZ-Kaserne Freiligrathstraße	-	-	-	2
6	5./6. August 1941	1.00-4.30	RAF	Vis	1 Wellington	68	2 x 100lb 5 x 500lb 1 x 250lb			Frankfurt	Hochheim Reduit-Kaserne Kastel	-	-	-	2
7	12./13. September 1941	23.30-4.30	RAF	Vis	1 Wellington	130	2 x 1000lb 2 x 500lb 2 x 250lb			Frankfurt	Hauptbahnhof Mainz Erthalstr. 13	21	-	-	4
8	4./5. Mai 1942		RAF	H2S	1 Wellington	1	2,7		2,7	Mainz Stadtgebiet		-	-	5/10	-
9	11./12. August 1942	1.30	9. RAF	H2S	33 Lancasters 25 Halifaxes 28 Stirling 68 Wellingtons	124 (154)	27 x 4000lb 75 x 2000lb 135 x 1000lb 204 x 500lb 38 x 250lb	4 x 57,930 30 x 3,304 46 flares	372,6	Mainz Stadtgebiet	Altstadt Rheinstraße Ludwigstraße Schillerstraße Mitternacht	163	-	5/10	6
10	12./13. August 1942	23.30	9. RAF	H2S	33 Lancasters 27 Stirlings 68 Wellingtons 10 Hampden	(138) 102	28 x 4000lb 62 x 2000lb 32 x 1000lb 78 x 500lb 11 x 250lb	4 x 25,490 30 x 2,416 24 flares	235,7	Mainz Stadtgebiet	Neustadt Bahnhofanlagen Güterbahnh. Ingelheimer Aue		-	5/10	5

Angriffe der 8. USAAF und RAF auf Mainz während des Zweiten Weltkrieges

Lfd. Nr.	Datum	Uhrzeit	Verband	Sicht- mar- kierung	Bombardement Group und Bomb Division BD	Anzahl der Bomber und Typ	Abgeworfene Sprengbomben Generalpurpose GP	Bombenlast Brandbomben Incendiary bombs IB	Tonnage total	Ziel	Betroffene Stadtgebiete	Tote	Angriffs- höhe in Fuß	Wolken- bedeckung cloud	Abschüsse
11	8./9. September 1942		RAF	H2S	5 Wellingtons	5	6,7	6,8	13,5	Mainz Stadtgebiet	Stadtzentrum	11		5/10	-
12	2./3. Dezember 1942		RAF	H2S	2 Wellingtons	2	0,9	4,2	5,1	Mainz Stadtgebiet	Stadtzentrum	-		5/10	-
13	4./5. Oktober 1943		RAF	H2S	?		1 x 1000 lb	-		Rhein-Main-Gebiet	Stadtpark				2
14	20./21. Dezember 1943	23.20-0.00	RAF	H2S	1., 3., 4., 5., 6., 8. BG Halifaxes Lancasters Stirlings	650 (535) 10				Frankfurt Rhein-Main-Gebiet Mainz	Stadtzentrum Rheinfront Ingelheimer Aue	22		5/10	2 40
14 a	20. März 1944		8. USAAF	H2X	1. BD	1 (122)	1,94	-	1,94	Industriegebiet	Ingelheimer Aue				-
15	28./29. Juli 1944	1.00-2.00	RAF	H2X	8. BG Mosquitos	30				Stadtgebiet	Altstadt				-
16	8. September 1944	11.12-11.46	8. USAAF	Vis	1. BD 94/95/96/100/ 388/390/447/ 452/490/493/ 388 A/487 A/ 486/487	334 B-17	2330 x 500 lb	1286 x 500 lb	741,1	Kastel u. Wehrm. Depot Gustavsburg	Altstadt Höfchen Augustiner- straße		25000-28000		2
17	9. September 1944	10.34-11.06	8. USAAF	H2X	2. BD 44/245/389/ 392/445/453/ 458/466/467 491	235 (337) B-17	1081 x 500 lb 795 x 250 lb	480 x 500 lb 676 x 260 lb Trag	522,8	Mainz Bahnanlagen Erbenheim Fliegerhorst Bischofsheim	Kastel Stadtzentrum Hauptbahn- hof Neustadt	264	22000-23500	10/10	3
18	13. September 1944	11.10-11.16	8. USAAF	Vis	3. BD 91/303/379 381/384	30 B-17	228 x 500 lb	127 x 500 lb	58,7	Kastel- Depot Wiesbaden	Bahnhof HBF Goetheschule Straßenbau- amt	97	26250-27300	5/10	-
19	21. September 1944	13.46-13.52	8. USAAF	Vis	1. BD 91/303/379/ 381/384	141 (153) B-17	806 x 500 lb	816 x 500 lb	407,2	Mainz Bahnanlagen	Hauptbahn- hof Zentrum Neustadt	99	26200-27250	5/10	-

Angriffe der 8. USAAF und RAF auf Mainz während des Zweiten Weltkrieges

Lfd. Nr.	Datum	Uhrzeit	Verband	Sicht-markierung	Bombardement Group und Bomb Division BD	Anzahl der Bomber und Typ	Abgeworfene Sprengbomben Generalpurpose GB	Bombenlast Brandbomben Incendiary bombs IB	Tonnage total	Ziel	Betroffene Stadtgebiete	Tote	Angriffs-höhe in Fuß	Wolken-bedeckung cloud	Abschüsse
20	27. September 1944	9.32-9.41	8. USAAF	H2X	3. BD 95/96 A/96 B/ 100/388/340/ 390/452/486	171 (415) B-24 B-17	1102 x 500 lb	590 x 500 lb Flugblätter	482,3	Bahnanlagen Mainz u. Gustavsburg M.A.N.	Neustadt Ingelheimer Aue M.A.N. Bahnhof	62	25000-26400	10/10	1
21	9. Oktober 1944	14.55-15.14	8. USAAF	H2X	3. BD 34 A/94 A/95/ 96/100/388/ 452/486/487/ 490/493	210 (381) B-24	322 x 1000 1331 x 500 lb		502,0	Bahnanlagen Mainz M.A.N. Gustavsburg	Hbf Zahlbach M.A.N. Allee	80	22800-26000	8/10	-
22	19. Oktober 1944	12.32-14.48	8. USAAF	H2X	2. BD 44/92/93/389/ 392/445/446/ 448/453/458/ 466/467/489/ 491	330 (381) B-17	469 x 1000 lb 431 x 500 2026 x 250 lb	1493 x 500 lb	777,0	Bahnanlagen Mainz Kastel-Depot Gustavsburg M.A.N.	Geschäfts-viertel Jägerstraße Depot M.A.N. Weisenau	149	20000-26700	10/10	5
23	4. Dezember 1944	12.53-13.05	8. USAAF	H2X	3. BD 94/96/385/388/ 447/486/452/487	223 (457) B-17	2285 x 500 lb	289 x 500 lb	633,7	Mainz Bahnanlagen	Rheinfront Hbf	51	23500-25000	10/10	-
24	12. Dezember 1944		8. USAAF	H2X		1	3,07	-	3,0	Industrie-gebiet	Ingelheimer Aue Mombach				-
25	18. Dezember 1944	13.44-13.59	8. USAAF	MH	3. BD 94/390/ 447/452/ 487	157 (381) B-24	2861 x 250 lb	303 x 500 lb	430,70	Mainz Bahnanlagen	Hbf Mombach	110	26500-28800	10/10	-
26	24. Dezember 1944		8. USAAF	H2X		2	3,8	-	3,8	Industrie-gebiet	Ingelheimer Aue Bretzenheim				-
27	30. Dezember 1944	12.31-13.14	8. USAAF	H2X	1. BD 44/92/93/ 305/306/381/ 389/392/398/ 445/446/448/ 466/467/491	69 (273) B-24	76 x 100 lb 12 x 500 lb	-	171,9	Mainz Bischofs-heim Xanten-Karlsruhe	Rheinfront Eisenbahn-brücke Elektrizitäts-werk M.A.N.	6	22000-26000	10/10	-

Angriffe der 8. USAAF und RAF auf Mainz während des Zweiten Weltkrieges

Lfd. Nr.	Datum	Uhrzeit	Verband	Sichtmarkierung	Bombardement Group und Bomb Division BD	Anzahl der Bomber und Typ	Abgeworfene Bomben Sprengbomben Generalpurpose GP	Bombenlast Brandbomben Incendiary bombs IB	Tonnage total	Ziel	Betroffene Stadtgebiete	Tote	Angriffshöhe in Fuß	Wolkenbedeckung cloud	Abschüsse
28	13. Januar 1945	12.53-13.11	8. USAAF	MH	3. BD 34/94/ 95/100/ 385/388/390/ 486/487	41 B-17 78 B-24 (367) 81 B-24	375 x 1000 lb 130 x 500 lb	-	276,5 204.5	Mainz Bahnanlagen Kaiserbrücke Gustavsbrücke Südbrücke	Hauptbahnhof gesamtes Zentrum u. Altstadt Gonsenheim	128	23000-26100	6/10-10/10	2
29	1./2. Februar 1945	19.30-19.50	RAF	H2S	4., 6., 8. BG 292 Halifaxes 40 Lancasters 9 Mosquitos	321 (340)	275 x 2000 lb 26 x 250 lb	500 x 2,186 lb 4 x 1,576 lb 63 flares	1306,7	Mainz Rhein-Main-Gebiet	Christuskirche Neustadt Drususwall	77		10/10	-
30	7./8. Februar 1945	21.41-21.49	RAF	H2S	9., 16. BG Mosquitos	16	11 x 4000 lb 8 x 500 lb 8 x 250 lb	-	22,3	Mainz Innenstadt	Hbf Nackstraße	9	6000	10/10	1
31	27. Februar 1945	16.35-16.40	RAF	H2S	3., 4., 6., 8. BG 311 Halifaxes 131 Lancasters 16 Mosquitos	435 (458) (Die in Klammern aufgeführten Maschinen gingen an den Start)	113 x 4000 lb 371 x 2000 lb 179 x 1000 lb 56 x 500 lb 20 x 250 lb	4 x 2,876 lb clusters 1,562 28 flares	922,3	Mainz Innenstadt	gesamtes Stadtgebiet Hauptbahnhof	1200	20000-22000	10/10	2

Während des Zweiten Weltkrieges warfen die Alliierten 8512.1 to Bomben auf Mainz Die 8. USAAF 5217.1 to und die RAF 3295.00 to.